U0610906

工商管理理论与实践前沿丛书

组织污名形成 社会心理机制

的

大众风险感知

吴 华 / 著

PUBLIC RISK PERCEPTION

A STUDY ON THE SOCIAL PSYCHOLOGICAL MECHANISM OF ORGANIZATIONAL STIGMA

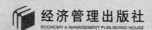

经济管理出版社
ECONOMY & MANAGEMENT PUBLISHING HOUSE

图书在版编目（CIP）数据

大众风险感知：组织污名形成的社会心理机制/吴华著. —北京：经济管理出版
社，2020.9
ISBN 978-7-5096-7511-3

I.①大… II.①吴… III.①组织心理学—研究 ②社会心理学—研究 IV.①C936
②C912.6

中国版本图书馆 CIP 数据核字（2020）第 173184 号

组稿编辑：王光艳
责任编辑：许　艳　丁光尧
责任印制：黄章平
责任校对：王纪慧

出版发行：经济管理出版社
　　　　　（北京市海淀区北蜂窝 8 号中雅大厦 A 座 11 层　100038）
网　　址：www.E-mp.com.cn
电　　话：（010）51915602
印　　刷：唐山昊达印刷有限公司
经　　销：新华书店
开　　本：720mm×1000mm/16
印　　张：9.75
字　　数：160 千字
版　　次：2020 年 9 月第 1 版　　2020 年 9 月第 1 次印刷
书　　号：ISBN 978-7-5096-7511-3
定　　价：68.00 元

·版权所有　翻印必究·

凡购本社图书，如有印装错误，由本社读者服务部负责调换。

联系地址：北京阜外月坛北小街 2 号

电话：（010）68022974　邮编：100836

前　言

组织污名作为一种负面标签，"能够激发利益相关者对组织所具有的本质的、深层次的缺陷的集体感知，将其去个性化，以及加深对它的不信任"。组织污名是一种普遍存在，对组织具有深远的消极影响且很难被移除。一方面，学者关于组织污名形成的研究都聚焦于组织自身的不道德行为或属性，很少关注污名主体的地位和作用；另一方面，关于组织污名形成的社会心理机制一直被简单认为是组织行为违反了利益相关者的预期，不符合社会大众的道德和价值判断而被给予负面标签。因此，本书针对以上研究缺陷，基于认识论的污名主体视角，对组织污名形成的社会心理机制进行探讨，进而实现对组织污名的有效的预防和管理。

组织污名分为事件污名（event stigma）和核心污名（core stigma）。鉴于两者在形成因素、维系机制和管理策略方面存在着根本差异，本书的研究范畴为事件污名。

风险的社会放大框架（Social Amplification of Risk Framework，SARF）实际上包含两个作用机制，一个是信息机制，另一个是社会反应机制，学者最新的研究成果认为包含五种启动反应机制，分别是公众感知和价值观、社会群体关系、信号值、污名化以及社会信任。其中污名化机制是指与负面的个体或社会群体相联系的刻板印象，它会促使人们对污名对象的刻意回避行为，因而会进一步引发消极的社会和政策后果。其中，意见领袖作为重要的个体风险放大站有着信息分享和观点传播功能，同时也反映了风险放大框架的社会机制和信息机制。因此，本书将组织污名的形成纳入这一分析框架。

社会认知是指个体对社会性客体和社会现象及其关系的感知和理解。本书聚焦于社会事件认知，包含社会归因、社会推理和社会决策等。组织的不道德行为引发的风险事件本身是客观的，而由此引发的对组织内部特质的推断是主观建构的，这是组织污名形成的关键。但遗憾的是并没有学者从社会认知理论的角度对组织污名的形成进行探讨。本书从认识论的主体视角出发，以风险的社会放大为分析框架，基于社会事件认知构建理论模型，探究意见领袖的道德情绪与组织污名之间的关系，并深入阐释大众风险感知是组织污名形成的一个重要社会心理机制。

目前，学术界关于组织污名的研究以质性研究为主，没有开发相应的测量工具，也有些学者以新闻的负面报道作为测量标准。本书运用语义差异法对组织污名进行测量，同时还运用微博大数据进行补充，目的是用不同的检验方法实现对组织污名的客观测度，并在此基础上探讨组织污名形成的社会心理机制。

本书通过两个不同的研究来验证理论模型。研究一包括三个系列情境实验，管理情境分别设定为非法排污、品牌欺诈和产品安全事件；依据研究的逐步深入原则，对意见领袖的道德情绪依据现实情境进行实验操控，从情绪的强度到道德情绪的属性，再到细粒化的四种道德情绪：恐惧、愤怒、厌恶和同情，对理论模型进行逐步检验。研究二基于"三星爆炸门"的现实微博数据进一步对理论模型进行验证。

通过两个不同研究，主要得到以下三个基本结论：

第一，意见领袖道德情绪影响组织污名化水平，其中积极情绪负向影响组织污名，相反，消极情绪则正向影响组织污名。

第二，意见领袖道德情绪影响大众风险感知，积极情绪负向影响大众风险感知，反之，消极情绪正向影响大众风险感知，同时阐释了意见领袖作为个体风险放大站的社会反应机制。

第三，无论是积极道德情绪还是消极道德情绪，大众风险感知都中介了意见领袖道德情绪对组织污名的影响，因此，大众的风险感知可以作为组织污名形成的一种重要社会心理机制，同时也体现了污名的社会控制功能。

本书的创新如下：

第一，本书从认识论主体出发，提出了污名主体的研究视角，丰富了组织污名的研究视角，并有可能会成为组织污名研究的新的理论增长点。

第二，基于社会认知理论探讨了组织污名形成的社会心理机制，拓展了社会认知理论在事件认知方面的研究并提供了实证证据。

第三，探讨了意见领袖作为风险的个体放大站的作用机制，对风险的社会放大框架是一个有益补充。

第四，将语义差异法的测量手段和情境实验的研究方法引入组织污名研究，并通过微博数据的验证进行补充，这对于组织污名的测量方法是一个有益补充，拓展了组织污名研究的范式。

基于以上结论，应充分利用风险的社会放大框架弱化大众的社会风险感知，并将情绪管理纳入到危机管理中，为制订更为有效的组织污名管理策略提供实践借鉴。

吴　华

2020 年 9 月

目　录

第一章

组织污名——影响深远的普遍存在

"污名"（stigma）一词最初源于古希腊，作为一种社会控制机制功能的标记，是指刺入或烙进体内的身体记号，以标记携带此记号的人有污点，要求人们回避或远离。Coffman（1963）在《污名——受损身份与管理札记》中正式提出"污名"的概念，个体或群体由于具有某种社会不期望或不名誉的特征，这种特征降低了个体在社会中的地位，从而使之成为一个有污点和丧失了部分价值的人，而污名就是社会对这些个体或群体贬低性、侮辱性的标签。自此，污名成为社会学和心理学共同关注的一个概念。最初污名的相关研究主要集中于个体层面，关注一些特殊人群，如麻风病、精神疾病、吸毒、同性恋、艾滋病群体等。相较于个体污名，组织污名的消极影响更为广泛和深远，Sutton 和 Callahan（1978）在 Coffman 的污名理论基础上第一次提出了组织污名的概念，"因自身行为或属性而受到质疑的组织（主要指企业）所面临的负面社会评价（及其可能影响），这是一种为社会受众（audience）或利益相关者所掌握的、对组织而言是消极的社会制约，虽然不是绝对的，但往往会对组织产生持续而深远的影响"。

一、组织污名——影响深远的消极评价

近年来，企业危机事件频繁曝光，各类"门"层出不穷，"三星爆炸门"、宜家"夺命抽屉柜"，而近期又曝出了"蒙牛牛奶检出强致癌物"事件，均引发了大众的广泛关注。而由此类事件引发的消极影响对组织而言

是极其深远的。

　　一般情况下组织污名这种社会大众持有的对组织的负面评价会给组织带来消极的负面影响，学者也给出了理论和实证方面的论证。在组织层面，会影响组织的合法性、组织形象和组织边界（Elsbach，1994；Suchman，1995；Carberry Jane et al.，1994；Sutton and Callahan，1987；Hudson and Okhuysen，2009）。高管作为一类特殊的组织成员，组织污名对其影响相对更为深远，会损害其职业生涯和在人力资源市场的估值（Pozner，2008；Ragins，2008；Wiesenfeld，Wurthmann and Hambrick，2008），减少外部董事未来的职业机会（Wurthmann，2014）；组织污名会通过组织形象影响内部员工的组织认同（Dutton，Dukerich and Harquail，1994）、刻板印象（Elsbach and Bhattacharya，2001）、管理者的社会地位（Ashforth，Kreiner，Clark and Fugate，2007）等。

二、组织污名——一种普遍存在

　　组织污名是一种普遍存在。一方面，组织会因其自身的不道德行为或本质属性而被污名化；另一方面，企业会在存继期因外部环境的改变而在某一特定时期被污名化。即使对于那些大众普遍感知积极的企业，也很难避免会在某一方面或某一特定时期被大众给予消极评价，因而对组织产生消极影响，如影响组织的资源整合能力，甚至会进一步危及组织的合法性以及可持续发展能力。以沃尔玛为例，它是一家令人尊敬的优秀企业，但是人们仍会对其某些方面给予消极评价，认为它利用所掌握的行业中的大量资源和强大的谈判力而对内部员工和供货商过于严苛。组织污名依赖于情境，组织在存续期，会因外部生存环境的变化而导致某一特定时期被污名化。以烟草企业为例，在战争期间，美国的烟草企业因慷慨捐助而广受社会大众的赞誉，但是随着战争结束，人们对健康的关注引发了对烟草企业态度的明显转变。以世界第一大烟草商 Philip Morris（现在的 Altria 集团）为例，20 世纪 90 年代其慈善捐助面临巨大困境，由于其烟草业的身份使得半数以上慈善机构拒绝接受其捐赠，担心与其有关联会遭到激进分子的抗议，从而给组织带来污名。由此可见，组织要么会因其某一方面的表现而被污名化，要么会在某一期间被污名化。

三、组织污名管理——任重而道远

对于组织而言，能够在组织污名形成之前采取积极的防御措施防患于未然当然是最佳选择，但是，很多时候这种零星偶发事件是无法避免的，组织应当从各个方面对污名进行全方位的响应，以期最大限度地维系组织的生存与发展。已有的研究表明组织不道德行为引发的事件污名往往更加依赖于情境，具有一定的可逆性，但对于核心污名而言，情境的变化对组织污名的影响是极其有限且缓慢的，组织往往会与其污名长期伴生。因此，如何将污名的负面效应降到最低不仅是企业也是学者需要面对的一个长期而艰巨的课题。目前主要的研究成果表明，印象管理和危机管理策略对于事件污名管理具有一定的积极效应（Carberry and King，2012；Conlon and Murray，1996；Elsbach and Sutton，1992；Heilman Block and Stathatos，1997；Zavyalova et al.，2012）。Kulik 和 Cregan（2008）指出组织污名会促使组织实施有价值的反污名化行为，比如通过实施积极的组织行为，一方面，能够帮助组织累积社会资本；另一方面，有利于组织对抗污名的消极影响。一般情况下，事件污名是可移除的，依据污名的严重程度和可控程度，其可逆程度也不尽相同。已有学者研究表明，印象和危机管理是组织污名管理的有效策略，其背后的逻辑就是组织污名本质上是大众对组织行为的认知偏差，因此组织对抗污名的路径可以从改变这种有偏差的社会认知开始。

近年来，各类事件令人应接不暇，企业由于不道德行为而导致经营失败甚至破产的新闻屡见不鲜，这使组织污名研究进一步引发了学者的广泛关注（Semadeni et al.，2008；Wiesenfeld，Wurthmann and Hambrick，2008）。因此，在理论和现实需求的双重压力下，对组织污名的研究就显得尤为重要。

第二章

组织污名的内涵、影响因素及作用机制

逐本溯源，对概念进行历史、深入、系统的了解，才可能真正理解概念本身。通过历史溯源，可以还原污名研究的演进历程，揭示个体污名与组织污名之间的区别，同时深刻反映两者在特定条件和情境下的相互联系。基于认知演进的视角，能够更深层次地厘清个体污名与组织污名的关系。本章通过对污名研究演进的探讨，对组织污名的内涵、影响因素以及作用机制进行了详尽的分析。

一、从个体污名到组织污名

（一）个体污名与组织污名

污名研究最初的关注对象是一些特殊人群的个体污名。随着研究的逐步深入，学者将污名研究焦点投入组织层面，相较于个体污名，组织污名与组织的生存发展更加息息相关，尤其是近来一系列公司的丑闻和经营失败激发了学者对组织污名的研究兴趣（Semadeni et al.，2008；Wiesenfeld et al.，2008）。组织社会学认为利益相关者对组织的评价十分重要，关系到组织能否获取资源乃至生存。外部利益相关者对组织的积极正面评价会形成企业的无形资产，有益于组织取得合法性地位和树立声誉，从而更易在市场竞争中生存并取得商业成功。相反，组织污名作为一种负面的社会评价，会对组织产生深远的消极影响，如撤销对组织的社会支持，对组织实施社会和经济制裁，使组织丧失合法地位，企业声誉受损，股价下跌，危及企业的生存，导致企业陷入危机乃至破产。正因为对组织污名研究的理论和社会实践的迫切需求，有必要从污名研究的整体脉络对个体污名到组织污名的研究发展过程进行深入探讨。

在 Goffman 对污名进行定义时，其实就已经涉及群体的概念，这表明他已经开始意识到污名中个体与群体的不同。但是，他所认为的群体与组织还是有本质区别的，他所指代的群体是个体的集合，他们都具有社会不期望或不名誉的相同特征；而组织污名中的组织是一个研究主体的概念，即组织污名所研究的主体就是一个组织，不是组织中的某个个体或某些个体的集合，而是这个组织因自身的违反利益相关者预期的行为或属性而被贴上具有缺陷或不信任的标签。个体污名被社会学和心理学所广泛关注，而组织污名更多的是管理学和组织学研究的焦点。关于个体污名和组织污名区别的界定一直以来都不是很清晰，Devers 等（2009）在总结前人研究成果的基础上对组织污名和个体污名在生成条件、预防和可移除性及传播性三个方面进行了深入的比较和界定，如表 2-1 所示。

表 2-1　个体污名与组织污名比较

	个体污名	组织污名
生成条件	身体上令人厌恶的事物，如身体畸形、某些疾病等； 集体污名，如种族歧视、宗教信仰歧视以及性别歧视等； 行为污名，如不诚实或具有某些怪异的行为	特定事件（如破产、丑闻）、特定商品产地、特定的行为表现、地理位置、人为的标志、等级与评级、高管的渎职或贪腐行为、组织在灾难或公益活动中的不当言行等； 关键的行为缺陷； 组织本质特征，如是谁、做什么、为谁服务等； 具体涉及的流程、产品或客户等核心属性
预防和可移除性	预防和移除都是非常困难的； 行为污名、身体缺陷污名在某些情况下，可能会得到移除，但也是相当困难的，如人们的思想观念发生变化而行为污名可能会被移除，通过医学手段消除身体方面的缺陷可能会使身体缺陷污名得以移除等； 集体污名尤其难以移除	对于事件污名，通过积极努力很多污名都可以预防和移除，如通过剥离违规部分、解雇当事员工以及解释性说明来消除； 对于核心污名，难以预防和消除，即使有所转变，过程也较复杂漫长

续表

	个体污名	组织污名
传播性	在一般环境下传播性都较强	事件污名更依赖于特定的情境； 核心污名无特定的情境，且污名会长期存在

张斌等（2013）认为，组织层面的污名相当部分是源于组织及其成员特定行为或选择的行为污名（behavior-stigma），比如组织因其高管的渎职或贪腐行为，以及在与灾难性事件有关的社会公益活动中的不当言行等。这种划分虽然具有一定的合理性，但是组织及其成员特定行为或选择也是特定情境下的产物，是偶发事件，因此，行为污名应属于事件污名的范畴。高管作为组织中的一员，具有特殊的地位，因其掌握组织更多的资源和权力，对组织的行为和后果负有更大的责任，更易与组织作为一个整体相联系，尤其是那些与公司关联度高的高管，其言行会极大地影响公司形象。以万科的"捐款门"为例，一方面，王石作为万科的董事长具有很高的知名度，与万科公司的关联度较高，因此社会大众认为王石的言行代表了万科的企业行为；另一方面，在汶川地震这一特定情境下，王石的特殊言行引发的"捐款门"事件引起了全社会对万科的关注，同时激起了大众对万科的强烈的负面评价，即使万科后续追加一亿元捐款，仍受到大众的广泛质疑。[1][2]

组织是由个体构成的，因此组织内部的个体成员肯定会受到组织污名的影响。Elsbach 和 Bhattacharya（2001）研究了美国步枪协会（NRA）对组织内部个体成员的影响，结果表明组织内部个体成员因组织核心污名带来了刻板印象；Ashforth 等通过对 18 个不同"肮脏职业"的 54 名管理者的半结构化访谈，运用扎根理论进行研究，结果表明"肮脏职业"为管理者带来了污名化的挑战，尽管会采取不同类型的应对策略使其正常化和规范化，但更为重要的是所谓的正常化都是暂时且有限的。组织污名对作为高管的

---

[1]　万科在地震发生当天捐款 200 万元，不足其净利润的万分之四。其后，万科董事长王石在其博客中声称"公司提示普通员工在每次慈善捐款中以 10 元为限"。万科的捐款和王石的言论受到社会公众的批评，这一事件被媒体称为万科"捐款门"事件。5 月 21 日，万科称将投入 1 亿元参与四川灾区重建。

[2]　参见 2008 年 6 月 6 日《新京报》报道《万科"捐款门"事件回顾》、2008 年 5 月 19 日《南方日报》报道《捐款不足净利润万分之四，万科及王石遭质疑》。

个体有着更为深刻的影响，高管作为组织中的特殊个体，比普通员工有着更加强烈的被污名化感，如自我贬损、内疚、焦虑和愤怒，并且承担更多损害个人职业生涯的风险。Pozner（2008）结合污名和事后清付（expost settling up）理论解释经理在竞争的市场上的市场价值决定于其过去的经营业绩，同时也揭示了高管的个体污名和组织污名之间的相互作用，因此从长期来看高管必须对自己的行为负责。Wurthmann（2014）还指出外部董事服务于被污名化的董事会的负面结果就是会减少其未来担任其他董事会董事职位的机会。

污名属于一种普遍存在的社会现象，组织和个人都可能被污名化，尤其是我国正处于社会转型期，各种污名现象层出不穷（管健，2007）。组织污名不仅涉及组织同时也累及其内部成员，而且他们之间并非完全独立与隔离，存在着千丝万缕的联系。个体污名会导致组织污名，同样组织污名也会深刻影响组织内部的个体成员。

（二）个体污名研究为组织污名研究奠定了基础

污名作为社会学中的一个概念最早可以追溯到 Coffman，在这一定义被广泛接受的同时，学者也开始了对组织层面的污名的研究。Sutton 和 Callahan（1987）在研究四个电脑公司破产对高管和企业形象的负面影响的基础上，提出了组织污名的基本概念，但更多的是一种现象型的表述，将组织污名界定为一种社会认知的结果，即负面社会评价，并阐述了其影响后效是一种消极社会制约，这一定义是在已有的个体污名理论基础上的一个延伸和扩展。随着理论研究的逐步深入，Ashforth 和 Humphrey（1997）对组织污名的研究做了进一步完善，从利益相关者的视角对组织污名的形成做出了解释，虽然强调了组织污名的社会控制功能，但是在理论上仍延续个体污名的标签理论，并未有进一步的突破。污名的概念一直在不断完善中，Crockery（2004）对污名做了进一步的修订，他认为污名化个体拥有或被相信拥有某些属性、特质，而这些属性所传达的社会身份（social identity）在某些场景中是受贬损的。Corrigan（2005）进一步将污名认定为由公众污名和自我污名相统一而构成的整体，前者是泛化的社会群体对某些特定的受污名群体的不良刻板印象，后者是当公众污名产生之后伴随出现的自我低评价和自我低效能。而最终推动污名概念向前进一步发展的是 Linkt 和 Phelan（2001），他们将污名定义为"标签、刻板印象、孤立、状态缺失和歧视等元素共存于一种权利状态，这种状态存在各种污名元素的叠加"，这一概念框架清晰地阐述了污名发生的社会机制，即污名化过程及后果。随着污名研究由个体化向群际化转变，从认知向系统化与制度化转变，组织污名研究也有了进一步发展。虽然早在 Sutton 和 Callahan 提出的定义中就已经意识到组织污名形成因素自身行为和组织的本质属性这两个方面的不同，但遗憾的是并未对其做出进一步的区分，而 Hudson（2008）对组织污名的发展所做出的重大贡献就是区分了事件污名与核心污名。Devers（2009）在总结前人研究成果的基础上进一步推动了组织污名概念的界定，特别强调集体感知这一理念，从根本上揭示了组织污名的形成过程。综上所述，组织污名的概念经历了由现象描述到类型界定，然后逐步深入到本质的一个演化过程，但其理论基础仍是个体污名的标签理论。因此说，个体污名的研究为组织污名研究奠定了可供借鉴的基础。

污名导致的对个体或群体的歧视和不公平引发了学者的思考，20 世纪 80 年代污名应对逐渐成为污名研究领域的热点问题。污名应对（coping with stigma）研究旨在从被污名者的视角出发，探讨被污名者在具体污名情境中应对社会污名的动态过程、影响因素以及应对策略。国外对这一领域关注较早，成果颇丰，如对肥胖、精神疾病和艾滋病等人群的研究，目前关于内隐污名的研究越来越受到人们的关注。国内自 21 世纪初也开始关注这一领域，如精神疾病和艾滋病人群。早期的污名应对主要是基于施予者的角度，将污名应对作为一个整体的变量，考察他与各个变量之间的关系，及其作用过程中的中介和调节作用。2000 年，Miller 等把压力——应对这一框架应用到污名应对研究之中，开创了污名应对研究的新局面。此后，污名应对研究进入了系统发展阶段。同样，为了消除组织污名给企业带来的消极影响，组织污名管理策略目前成为研究的另一个热点。针对事件污名，已有的研究表明印象管理和危机管理策略对组织污名修复具有一定的正向效用（Elsbach，1994；Conlon et al.，1996；Heilman，1997；Avyalova et al.，2012；Edward et al.，2012；Carberry and King，2012）。Kulik 等（2008）认为组织被污名化后会促使其实施有价值的反污名化行为，比如组织公民行为。针对核心污名，Ashley 等（2009）发现不断改变组织策略可以影响组织边界以及组织合法性边界，让利益相关者逐渐接受核心污名组织的存在。Helms 和 Patterson（2014）通过对美国综合格斗组织（MMA）的质性研究发现，组织成员可以通过积极重构污名属性让观众重新考虑对他们的负面评价，从而更易接受他们。在 Helman（2012）对武器行业的分析中，发现通过多元化国际战略可以分散利益相关者对武器公司与暴力和血腥相联系的污名，但是这种策略发挥作用的机制也非常有趣，通过这种公司战略可以削弱组织特征，使不够道德的属性不那么凸显，但是同样也会使好的属性变得不那么突出。综上所述，从目前的研究来看，组织污名的管理策略研究主要还是集中于把具体的管理策略作为自变量，研究其对组织污名的影响及作用原理，而污名应对研究早已进入系统研究阶段，远远走在了组织污名管理策略之前，因此污名应对研究从理论框架的构建上为组织污名的管理策略奠定了基础并提供了未来研究的方向。

二、组织污名的内涵

随着研究的逐步深入，学者也开始了对组织层面的污名的研究，将组织污名区分为事件污名与核心污名，组织污名概念被重新界定为"能够激发利益相关者集体的对组织所具有的本质的、深层次的缺陷的集体感知，并将其去个性化以及推动对它的不信任的标签"，并从根本上揭示了组织污名的形成就是从个体标签到集体标签的一个动态过程。

为了进一步明晰组织污名的内涵，对组织污名的概念进行了总结与区分，如表 2-2 所示。

表 2-2 组织污名概念

提出者	关键词	定义
Sutton 和 Callahan（1987）	基于个人污名理论的扩展	因自身行为或属性而受到质疑的组织（主要指企业）所面临的负面社会评价（及其可能影响），这是一种为社会受众（audience）或利益相关者所掌握的、对组织而言消极的社会制约，虽然不是绝对的，但往往会对组织产生持续而深远的影响
Ashforth 和 Humphrey（1997）	利益相关者；标签；社会控制	一旦组织违背了利益相关者的期望且利益相关者认为这种违背程度还在加剧，利益相关者会通过"贴标签"来达到稳定环境的目的

续表

提出者	关键词	定义
Hudson（2008）	核心污名	核心污名是一个组织（或多个组织的集合体）因其一些核心属性存在问题而在某种程度上受到的贬抑、失信或污损评价，通常由一些社会大众表达和持有
Devers 等（2009）	集体感知	能够激发利益相关者对组织所具有的本质的、深层次的缺陷的集体感知，并将其去个性化以及推动对它的不信任的标签

将组织污名从事件污名和核心污名两方面进行区分对研究具有十分重要的意义，对两者从生成条件、管理策略和传播条件这三方面进行区分，如表2-3所示。

表 2-3　事件污名与核心污名比较

比较维度	事件污名	核心污名
生成条件	特定事件（如破产、丑闻）、特定商品产地、特定的行为表现、地理位置、人为的标志、等级与评级、高管的渎职或贪腐行为、组织在灾难或公益活动中的不当言行等	组织本质属性特征，如是谁、做什么、为谁服务等；具体涉及流程、产品或客户等组织核心属性
管理策略	一般通过适当的管理策略能够稀释或移除	难以预防和消除，即使有所转变，过程也较复杂漫长
传播条件	依赖于特定的情境	无特定的情境，且污名会长期存在

通过以上比较，我们发现核心污名是指组织因是谁、做什么、为谁服务等本质属性特征而被社会大众给予的消极社会评价，具体涉及流程、产品或客户等组织核心属性，而事件污名则是由于组织自身零星的、偶发的违背利益相关者期望的不道德行为（wrongdoing）引发的社会大众给予的消极评价。核心污名很难被社会大众接受、认可和给予支持，事件污名则更加依赖于情境，一般随着情境的改变有可能被稀释或移除，由此可见，两者具有本质上的区别。

基于以上区别，本书将研究对象界定为事件污名，以下不再对核心污名展开讨论。

三、组织污名形成的影响因素

基于对组织污名形成的实证研究的梳理，我们发现，事件污名的形成是因为组织行为违反了外部利益相关者的预期，换言之，组织的不道德行为（wrongdoing）是事件污名形成的必要条件。事件污名是由离散、异常以及零星的事件所导致的（Hudson，2008），如破产、丑闻、特定商品产地、特定的行为或表现、地理位置、人为的标志、等级与评级、高管的渎职或贪腐行为以及组织在灾难或公益活动中的不当言行等。学者还探讨了不同类型违反利益相关者期望的组织行为对组织污名形成的影响，例如，安然丑闻导致的安达信倒闭事件，富士康员工自杀案例，商学院在《美国商业周刊》上的排名降级等（Jensen，2006；Lucas，Kang and Li，2013；Elsbach and Kramer，1996）。以上学者不仅探讨了组织的不同类型不道德事件对组织污名产生的影响，还从不同视角对其作用机制进行了理论剖析。Jensen（2006）基于历史事件分析法对安达信倒闭事件进行了深入分析，发现由问责引发的身份焦虑（status anxiety）是影响企业之间关系的重要因素。在这个案例中，安达信对安然公司而言已不是普通的合作伙伴，尤其是该事件涉及审计的问题，安达信更要对其负主要责任，因此对安然公司的问责触发了安达信的身份焦虑，其他企业为了保护自我的身份与地位而主动与安达信划清界限，最终致使安达信倒闭。而富士康员工跳楼事件则与东西方不同文化背景下员工尊严的差异性及其背后的组织文化成因密切相关。Ken（2007）研究指出，由于中国制造的产品总是被与廉价和劣质相联系，导致了"中国制造"的污名化，这不仅使美国消费者对来自中国的产品丧失信心，同时也对中国经济产生威胁，甚至还会对全球贸易体系尤其是消费者态度产生负面影响。美国次贷危机后，一系列事件使得金融业被广泛关注，社会大众开始质疑金融业的行为和价值。Roulet（2015）基于修辞分析和内容分析法，对关于金融行业的文章及社评进行分析，发现金融行业污名主要源自该行业的组织行为偏差，即实现股东价值最大化的行业逻辑。而相关文章及社评中的污名化语言修辞不仅诋毁了金融组织，同时还通过对组织与制度之间的逻辑对比来证明金融行业的制度逻辑的非法性。同时该研究还表明，行业领域与社会层面之间的制度矛盾是组织被污名化的充分条件，而非必要条件。

组织的生存环境是复杂的，来自外部的制度压力对组织污名会起到一定的调节作用（Baldridge and Veiga, 2001; Barclay and Markel, 2009; Colella, 2001; Konrad and Linnehan, 1995）。Carberry 和 King 研究指出，媒体的新闻报道和利益相关者行为已成为一种防御公司欺诈和公司治理的方式，同时媒体监督的力量也具有重要的作用。因此，外部利益相关者的动机和媒体报道一定程度上调节了组织的不道德行为对企业声誉的影响。学者还从理论方面探讨了组织污名的形成因素，Balch 和 Armstrong（2010）研究认为，公司业绩会负向影响人们对组织内不道德行为的接受程度，相同的情境下，公司的业绩越好其不道德行为反而越容易被接受，从而降低了其被污名化的可能性。以上研究表明，事件污名的调节作用来自各个方面，其中制度压力和媒体报道比较普遍，其他调节作用的发挥则依赖于组织本身的特性和所处的外部环境。

四、国内污名研究

相对而言，污名研究在国内起步较晚，台湾学者谢世忠 1987 年在描述台湾地区原住民受歧视的生存状况时使用了"stigma"这一概念，这是污名概念首次进入国内学界。2000 年之后，艾滋病疫情的发展引起了社会各界的广泛关注，自此正式引入污名的概念，此时的污名研究主要集中于艾滋病的相关问题，随着研究范围的逐步扩大，中国大陆地区开始引入污名的概念，并且主要集中于艾滋病相关问题的研究，后来逐步扩大到其他应用领域，如医学、公共卫生医学等。随后社会学、社会心理学和人类学领域的学者也开始对污名展开了相关研究。国内对个体污名的研究从 21 世纪初开始并取得了诸多研究成果，主要关注于艾滋病和精神疾病等方面（刘颖和时勘，2010；岳童、王晓刚和黄希庭，2012；李强、高文珺和许丹，2008）。相对于个体污名的研究，国内的组织污名研究则更为薄弱，国内学者石荣丽等（2010）和张斌等（2013）做了组织污名的相关文献综述，对国内组织污名研究的兴起起到了一定的推动作用。然而这些研究基本定位为介绍性的，主要聚焦于对组织污名的概念、区分、影响因素、后效以及管理策略的述评。蔡宁等（2014）借助戴扬和卡茨有关媒介事件的元素，以"征服"（conquest）、"竞争"（contest）和"加冕"（coronation）三阶段作为分析框架，对非营利性组织的核心污名做了一般化的理论分析，这是国内学者对组织污名做出的在理论解释方面的有益尝试。外部利益相关者的认知是组织污名形成的必要但非充分条件，而人们的认知与特定的情境和文化背景息息相关，国内学者樊建锋等（2011）对国内外行业污名进行了探索性分析，研究表明国内外消费者对行业污名的感知存在明显差异。尽管国内关于组织污名的研究相对薄弱，但是学者的探索仍给了我们诸多有益启示。

五、组织污名作用机制研究

已有研究从不同的视角对组织污名进行了理论机制的阐释，这些都给予了我们的研究一定的理论启示，经过梳理本书认为有以下视角：

（一）标签理论视角

标签理论是组织污名形成的一个重要解释机制。组织污名就是外部利益相关者集体感知的对组织的消极评价。具体而言，组织污名的形成是由于特定的利益相关者集体感知组织的不道德行为或本质属性与其自身价值观明显相悖，而对组织进行去个性化的贴标签的过程。从个体标签到集体标签是组织污名形成的一个质的飞跃，只有当对组织的消极评价达到一定的累积程度的时候才会形成组织污名。尽管组织污名的概念在不断演进，但是标签理论一直是组织污名概念形成的一个重要基础理论。标签理论在组织污名中被广泛应用，既用于解释组织中的个体如何被标签化，同样也适用于组织层面。Helms 和 Patterson 认为从事美国综合格斗的演员会更易被人们贴上暴力、血腥和非法的标签。Phillips 和 Kim 的研究表明，使用与古典音乐更为相关的维多利亚时期的假名有助于唱片公司在文化市场保持其组织身份。Ashforth 和 Humphrey（1997）对标签理论在人际、群际和组织三个不同层面的应用进行了深入探讨，研究表明标签和分类的广泛应用能够帮助组织中的个体实现对组织环境的结构化和简单化的认知，主要原因是通过标签可以促成理解、达成共识和实现社会控制。标签虽然有助于简化人们对事物或环境的认知过程，但这种任意贴标签的行为会导致组织或个体的去个性化，成为社会现实具体化的目标和规范。大量的文献表明，这一理论在组织污名的研究过程中起到非常重要的作用，但是这一理论本身在界定方面存在着不够系统严谨的先天不足，另外，这一理论对一些社会现象也解释乏力，比如组织因同行业中其他组织的不道德行为的负面溢出效应而被无辜中伤等。

（二）污名理论视角

学术界一直在努力建立污名理论的完整体系，并研究作为组织层面的污名对组织和个体的不同程度的影响。在组织层面，Reuber 和 Fischer（2009）运用污名理论解释了不道德行为（wrongdoing）对企业声誉的负面作用；Carberry 和 King 运用历史事件分析法验证了组织污名对企业价值的负面影响。Wiesenfeld 等（2008）运用污名理论揭示了公司失败对高管的职业生涯污名化的作用，Pozner 等运用整合污名理论和事后清付理论（exposit settling up）解释了竞争中高管的市场价值取决于其过去的经营业绩，并揭示了个人污名与组织污名相互之间的作用关系。学者还运用污名理论探讨了其他因素对组织内部成员的影响，如基因测试可能造成组织内部人员潜在的歧视（Barclay and Markel，2007）；工作环境对个体决定是否揭示自我污名起到一定的调节作用（Ragins et al.，2008）。污名理论还被用来探讨如何消除污名带来的负面影响，如从事污名化工作的工人通过道德想象力来消除污名（Roca，2010）；管理人员如何做好管理工作消除污名带来的负面影响（Ashforth，2007）；基于污名理论探讨不同的污名类型，匹配不同污名管理策略（Warren，2007）。通过以上文献梳理发现，组织污名并没有对自己清晰的理论界定，目前的研究仅局限于概念阐释并没有上升到应有的对作用机理的探讨。

（三）印象管理理论视角

印象管理（Impression Management，IM）是组织污名管理的一种重要手段和策略。印象管理的研究始于个体层面，而且与情境密切相关（张爱卿、李文霞和钱振波，2008）。随着研究的深入，印象管理逐渐延伸到组织层面，关注于组织如何通过其行为和信息的调控来影响受众感知的问题。通过文献梳理发现印象管理是企业采用最多的也是最为有效的策略。研究表明印象管理对顾客抱怨具有一定的积极效用（Conlon and Murray，1996）。

而对于赢取行业或组织的合法性，印象管理策略也能够起到积极作用。以加利福尼亚养牛业为例，该地区的养牛业因食品安全、健康和环境问题而广受公众质疑，从而导致大量负面新闻报道，如滥用激素、在公共用地过度放牧和用水、粪便污染地下水及饲养过程中的人道主义问题等。Elsbach从印象管理和制度理论角度共同构建了加利福尼亚养牛业重获合法性的解释机制，研究发现，印象管理中的承认策略比否认策略更有效，而引用制度化特性比技术特性更有效，将承认策略与制度化特性相结合比采用单一策略更有效。其背后的逻辑是认为组织污名是社会大众对组织行为或属性的认知结果，组织试图通过行为或信息调控来改变社会大众对自身的印象感知。

（四）制度理论视角

Suchman 等（1995）指出，制度压力就是指组织所承受的来自制度环境的合法性要求和重大影响。组织环境是复杂的，尽管有时组织的形式和做法是符合自身的效率原则的，但由于与制度环境的要求不相符，就会迫于环境压力采用组织广为接受的组织形式和做法。组织自身会受到来自外部的制度压力，同时学者也发现，来自外部的制度压力也会影响组织污名。Maguire 和 Hardy（2009）通过对 DDT（双对氯苯基三氯乙烷，又叫滴滴涕）禁用过程的案例分析构建了基于外部驱动的去制度化模型，引入"防御性"制度运作，说明如何通过关于 DDT 负面报道实施防御性和巅覆性工作。DDT 的禁止使用实际上源于首先将其"问题化"，然后通过随后的"转变"来破坏原有的制度基础的话语方式，建立新的"主体地位"支持问题化的话语权和行动以及新的知识体系，使其正常化。组织污名是依赖于具体情境的，在组织的生存环境中制度环境是非常重要的一个影响因素，尤其是中西方制度环境相异，需要进一步加强研究。

（五）组织理论视角

组织污名会对组织价值、组织合法性和组织边界产生影响（Carberry and King, 2012; Suchman, 1995; Gioia, Schultz and Corley, 2000; Hudson and Okhuysen, 2009）。Voronov 等对安大略地区酒业的合法性进行了探讨，由于当地酿酒业的非法性和污名历史，导致需要通过两种路径寻求合法化。第一条路径是展示它们对全球规范的严格遵守而掩盖它们曾遵守现在看来并不合法的当地规范的事实；第二条路径是允许全球规范和地方实践有一定程度的分离。通过研究发现，安大略省缺乏合法的酿酒业是由于倾向于追求特殊性，通过先发制人的方式试图避免责任和与过去的污名相联系。综上所述，组织理论既能够解释组织污名对组织的影响后效，也可利用其原理对组织污名进行管理。

（六）组织认同视角

Gioia 等（2000）指出组织认同通常被描述成为一个组织的核心、独特和持久的特性。创建和维持一个持久的组织认同对于组织的成功而言是十分必要的；组织所处的环境日趋复杂，而组织基本的生存条件就是必须具有快速适应环境的能力；鉴于组织对稳定和秩序的偏好，以及对变革的需求，组织需要在其中寻求平衡，而"自适应不稳定性"的引入为组织提供了这种可能。组织认同与组织形象相比是一个相对不稳定的概念，Gioia 构建了组织认同与组织形象之间的相互关系，并且指出在企业所处的日趋复杂和多变的环境中，媒体的作用将日益凸显。Elsbach 和 Kramer 通过收集访谈和记录数据，描述了 8 所美国排名前 20 的商学院学员对 1992 年《商业周刊》中商学院排名变化的反应，分析得出学员所感知的组织认同威胁来自两个不同的方面：一方面，质疑他们所感知的对商学院的高度评价和核心认同的特质；另一方面，挑战他们对商学院相对地位的信念。作为回应，学员感受到这种威胁并确定对学院认同的积极感知，通过强调和关注选择凸显有利于维持自我身份的组织类别。研究结果表明，排名下降后学员感受到社会身份失调的分类策略，然后通过社会认同、自我肯定和印象管理策略构建一个新的组织认同模型。Dutton 和 Harquail（1994）指出组织形象分为两类，一类是内部员工认知的，另一类是外部大众认知的；组织的集体认同，就是成员对组织的独特、核心和持久的集体信任；研究表明，将员工内部感知的组织认同与外部构建的组织形象共同作用于员工，两者对员工的组织认同都有强烈的正向影响。通常我们认为"肮脏工作"（dirty work）的污名会威胁从业人员构建一个提升自尊的社会认同的能力，但是 Ashforth 和 Kreiner（1999）通过对一个介于组织层面和个体层面的工作组的研究，发现了截然相反的结果，这种"肮脏工作"的污名培育发展了一个更为强大的职业或工作组文化，促进了意识形态的重构、调整和聚焦，促使从业人员有选择的社会比较和权衡不同的外部看法，而这种防御机制会改变"肮脏"的含义并调节社会对"肮脏"的感知。通过以上分析发现，组织污名对员工的组织认同的影响并不完全是负面的，也有相对积极的特例，而这种研究结果的不一致性，更加需要我们进一步深入探讨其背后的作用机理。

组织污名的内核是"标签"，是社会大众对组织行为或内部属性的一种负面的社会评价。基于认知客体的区分，事件污名倾向于组织偶发的不道德行为，核心污名倾向于组织的本质属性。在学者已有的研究中，事件污名主要是离散、零星的异常事件所导致的。综上所述，事件污名更多源自情境，而核心污名则是源自组织先天具有的"原罪"（sin），因此，事件污名随着情境的转变有可能会被稀释或移除，而核心污名则很难被社会大众所接受、认可和给予支持。

组织污名是从个体污名发展而来的，个体污名的研究为组织污名的研究奠定了可供借鉴的理论基础。一直以来组织污名都是基于标签理论进行拓展。组织污名概念的演进同时还体现了从现象描述到本质属性的逐步深入的探索过程。关于组织污名的最新理论解释是 Dever 等（2009）根据"群聚效应"（critical mass）进行的全新理论阐释，其中特别强调"引爆点"（tipping point），即从个体标签到集体标签的临界点。而这一解释显然简化了这一复杂过程，仅仅描述了这一复杂过程达到的一个相对平衡的状态并强调了其重要性。

探讨组织污名形成的根本原因就是从根源上寻找可以有效进行污名管理的策略，组织污名管理一直是学者最为关注的研究课题，只有通过有效的管理策略才能最大限度消减污名给组织带来的消极影响。已有的研究表明事件污名的管理策略主要集中于印象管理和危机管理，其背后的逻辑就是组织污名本质上是一种社会大众对组织特定行为或属性的认知偏差，因此组织可以通过印象管理策略控制信息，从而纠正这种偏差。这其实揭示了另外一种矛盾，在已有的关于组织污名形成的探讨中，一直沿袭偏见发生学的研究惯例，聚焦于污名客体发生了什么或具有怎样的内部属性，却一直忽视污名主体的作用，但在组织污名管理策略方面却体现了污名主体的重要性，因此，基于污名主体视角对组织污名的形成进行深入探讨是十分必要的。

组织是由个体组成的，但并不仅仅是个体的集合。就组织本身而言，就是一个复杂的社会现象，一个组织的生存与发展具有周期性，与社会环境、行业变迁和文化环境都有着紧密联系。来自外部的制度压力和媒体报道对于组织污名的形成与影响具有一定的调节作用。组织污名是一个多维的概念，将组织置于社会结构和制度框架下进行解读，会发现组织污名实质上还反映了社会结构、制度变迁与意义建构。但是，与个体污名相比，组织污名并没有发展出自己的理论框架，学界甚至没有一致认可的测量方法。因此，需要进一步深入探讨并建立有效的解释机制。

第三章

污名主体——一个新的研究视角

基于以上对组织污名的内涵、影响因素和相关作用机制的梳理，尽管已有研究为我们提供了诸多有益借鉴，但是仍存在如下理论缺口：一个是污名主体研究视角的缺失，另一个是组织污名社会心理机制研究的缺失。

一、污名主体研究视角的缺失

组织污名概念的演进，是一个从现象描述到本质属性的逐步深入的进程。Sutton 和 Callahan（1987）最早提出了组织污名的基本概念，并将组织污名界定为社会大众对组织的负面社会评价。Ashforth 和 Humphrey（1997）则从利益相关者的视角强调了组织污名的社会控制功能。而 Hudson（2008）则将组织污名区分为事件污名与核心污名。尽管这只是一个简单的分类，但是对于组织污名的研究却开启了一个新的篇章。其实早在 Sutton 和 Callahan 首次提出组织污名概念的时候就已经意识到由组织自身的行为和属性导致的组织污名是存在差异的，但遗憾的是并未据此做出进一步的区分。值得指出的是，Devers 等（2009）对组织污名的理论阐释是至今为止最为深入的，特别强调了组织污名的形成是一个动态的过程，只有完成了从个体标签转化为集体标签这一质的转变后，才标志着组织污名的形成。组织污名是一个多维概念，尽管学者的研究视角不尽相同，但是，关于其核心本质，学者基本上达成了共识，即"标签"。作为一种特殊"标签"，既是社会大众对组织的消极评价，也是对组织内部特质的一种有偏差的认知，同时也反映了不同背景下人们的文化和价值观的社会意义建构。

已有研究表明，印象和危机管理已成为事件污名管理的一个重要策略，其背后的逻辑就是组织污名形成的基础就是大众对组织内部特质的认知偏差，认为组织对抗污名的路径可以从改变这种有偏差的社会认知开始。由此可见，组织污名管理策略本质上就是改变污名主体对组织内部特质的认知，同时这也印证了污名主体视角的重要性。

虽然学者承认污名是社会建构的产物，但是对个体污名的研究都是以其越轨特征作为研究的基础和出发点，而组织污名的研究无一例外地延续了这种研究倾向，因此组织污名的研究一直聚焦于组织的"自身行为"或"属性"，这种研究无疑强化了组织污名形成过程中的客体（即污名组织）的单方面的作用。在个体污名的研究中，深受 Allport（1964）的偏见发生学的影响，认为污名客体行为本身就是污名产生的根本原因，组织污名研究无疑也延续了这一传统，污名主体视角也一直处于缺失状态，或者被抽象为一般意义上的社会大众或外部利益相关者。这种对污名主体与客体研究关注的不对称的缺陷是显而易见的，对污名主体作用研究的缺失，一方面，使得从社会制度和文化背景等更加宏观的层面对组织污名的形成进行探索受到限制；另一方面，则降低了从污名主体视角对组织污名管理策略进行探索的可能性。

二、社会心理机制研究的缺失

一直以来，学者在社会心理层面将组织污名形成的原因归结于组织不道德行为或组织本身属性违反了外部利益相关者的预期，认为社会大众占据着价值和道德规范的高位，想当然地会对组织行为给予各种价值判断并施予标签。尤其是在商业社会日益成熟的当下，大众对企业有着更高的期望，希望组织承担更多的社会责任并为大众提供更多福祉，因此，尽管企业行为事实上遵循了组织规范，但与被人们所接受的广泛意义上的社会规范相违背，外部利益相关者也会判定组织行为是不道德的，并给组织贴上负面标签。在社会环境中，组织之间的互动是通过共享一个价值和行为预期体系进行的。一旦特定的利益相关者群体感知到组织行为与其自身的价值判断明显相悖，即与组织的制度化和规范化的价值相违背，社会大众就会将这种价值不一致的行为认定为是对组织的强烈威胁，而将其归类为越轨。当对组织的负面评价累积到临界点时，外部利益相关者就会撤销他们对组织的社会支持，以怀疑和敌对的眼光看待组织，组织即被污名化。

组织本身是一个复杂存在，组织污名亦是一个多维概念。一直以来，组织污名形成的社会心理机制并未得到学者应有的重视，仅将其简单归结为对组织行为或属性的价值推断和道德判断。

基于以上分析，我们针对组织污名形成研究的理论缺口，提出了本书的核心研究问题，基于一个新的研究视角——污名主体，探讨组织污名形成的社会心理机制。

第四章

意见领袖与组织污名

　　"媒介即讯息。"信息技术的发展改变了当下的传播方式，社交网络已成为最主要的社会建构。活跃于社交网络的意见领袖俨然已成为这个时代的最强声音，也成为社会大众和学者共同关注的焦点。意见领袖在社交媒体中的作用日益凸显，本章主要通过梳理意见领袖在组织污名研究中的作用，并以此为契机，将意见领袖作为组织污名形成研究的一个新的起点。

一、社交媒体中日益崛起的意见领袖

　　意见领袖（opinion leader）最早出现于传播学者 Paul Lazarsfeld（1948）的《人民的选择》。从大众传播到一般受众的过程中存在两级传播，呈现出"大众传播—意见领袖——一般受众"的模式。意见领袖作为活跃分子，处于大众传播与人际传播的枢纽位置，与此相对应的则是人群中不太活跃的普通大众，意见领袖在大众传播中起着重要的中介或过滤作用，但是要重点指出的是意见领袖在大众传播媒介并不具有生产信息的功能。在此基础上，Katz 和 Lazarsfeld 又做了延伸研究，进一步在市场营销、购物消费、公共事务和电影选择等领域对意见领袖进行研究，结果表明，意见领袖在各个领域广泛存在，而大众对信息整合和观点解读的需求是意见领袖存在的根本原因，这也印证了意见领袖的两大社会功能，即信息分享功能和观点传播功能。

　　信息技术的迅猛发展带来了传播方式的转变，意见领袖研究也逐渐从大众传播转向网络媒体传播。新媒体时代最突出的特点便是更加注重用户的交互作用，用户既是内容的浏览者也是内容的制造者；在传播模式上由被动的接受转向主动的参与；而保障用户分享和积极参与的基础就是新媒体提供的更加开放的平台。与此同时，也促成了网络平台上意见领袖的崛起，他们的特点在于，一方面比较活跃且乐于主动发表意见；另一方面比较擅长分析和推理。

微博作为一种新兴的社交网络平台，同时兼具了信息传播和社交媒体的特征。作为信息平台的微博，传播内容呈现出短小化和碎片化的信息特征，满足了网络用户对信息获取的需求；而作为社交媒体的微博平台，其特有的订阅机制和单向认证机制使信息传播者和受众的身份变得高度统一，这实际上放大了二级传播效果。微博平台另一大特点是用户与信息的自然分类，"粉丝"是微博博主与受众之间的一种特殊呈现，从心理学视角，认同或关注是同一信息订阅者的心理基础，这种"趋同"心理造成了用户的自然分类。微博平台还有独特的标签功能，具有两种标签，一种是个体身份标签，另一种则是话题标签；标签作为微博社交媒体最重要的属性起到联结节点以及节点与信息圈的作用，标签已成为实现人群聚合和信息聚合的重要方式。移动互联平台最重要的特性就是信息分享的即时性和随时性，当下随时随地的信息和观点分享已融入普通大众的生活，正在悄然改变着大众的传播习惯。随着微博平台的崛起，传统媒体和官方组织也意识到其重要性并逐渐入驻，已成为微博平台非常重要的组成部分。

微博源自推特（Twitter），因此国外学者的研究呈现是推特意见领袖（Twitter opinion leader）。国外研究主要集中在以下几个方面：第一，基于传统"意见领袖"研究的延续，表现为新媒体的使用对意见领袖的影响。第二，对这种新型意见领袖的特征进行分析。Chang（2013）认为，与传统意见领袖相比，微博意见领袖更倾向于主动寻求信息并动员和公开意见表达，这会导致更多的政治参与，而对新媒介接触得越多就越会促进意见领袖更多地使用微博。第三，对新型微博意见领袖的作用进行分析。Sanne（2014）研究了政治候选人的微博使用情况与赢得选民支持之间的关系，发现政治候选人主要通过微博呈现其私人角色，他们通常在竞选活动中把微博作为与选民之间的互动桥梁，而那些在竞选中使用微博的候选人会比没使用的候选人获得更多的选票支持。第四，对微博意见领袖的应用研究。比如研究意见领袖对社会化网络营销（Social Networking Marketing，SNM）

效果的影响，Dominic King（2013）的研究表明微博意见领袖在社会化媒体上的活动对公共卫生政策制定具有一定的影响。

2009 年被视为中国的微博元年，自此，微博意见领袖的研究成为各个学科关注的焦点。对国内相关研究进行梳理和分析，可以从意见领袖的主体特征、甄别与筛选及作用机制分别进行探讨。

微博意见领袖由于拥有庞大的粉丝群体，已成为最为活跃的网络舆论力量，这在学界已基本达成了共识。王平和谢耘耕（2012）基于温州动车事故分析了微博意见领袖的特点及其影响力。季丹和郭政（2015）的研究则表明，微博领袖的信息传播能力、网络位置及与受众的关系程度对危机信息传播中的传播效果具有正向效应。学者运用社会网络方法对南京虐童案进行分析，发现微博意见领袖的社会资本是其网络媒介权力的基础。韩运荣等（2012）同样基于社会网络视角对意见领袖进行分析，结果表明意见领袖在社会网络中的"联结"能力会增加其获得"信息利益"和"控制利益"的机会，尤其当社会网络中存在"结构洞"时，会提升意见领袖的信息控制能力。王国华等（2011）则以药家鑫事件为例，对突发事件中引发网络舆情演变的意见领袖进行分析，以知识背景、社会地位和媒体使用三个维度进行了类型界定，并以事件舆情生命周期为脉络，具体分析了意见领袖的介入时点、行为方式以及不同层面对意见领袖影响力的作用机制。于美娜和钟新（2015）基于新浪微博环保话题的传播分析，发现微博影响力整体呈现下降的趋势，但是相对而言媒体类大 V 仍具有强大的舆论引导力，政府类次之，而名人和企业类大 V 的舆论引导力几乎处于缺失状态，同时还发现普通微博用户与大 V 们的话题关注方向不再趋于一致，导致这一结果的最为重要的原因是大 V 自身特点的变化。

学者基于不同视角对微博意见领袖在舆情演变过程中的特征、地位及与受众和政府之间的作用关系进行了讨论。周而重等（2013）研究表明微博意见领袖对网络舆论演化具有一定的引导作用。郭勇陈等（2015）采用多主体建模与仿真方法模拟了网络舆情演化过程并探讨了意见领袖在网络环境中的有效性。魏景霞（2013）的研究则表明微博意见领袖对舆论引导是一种多元嵌套的竞争性模式，同时还发现社会关系的结构洞理论阐释了强关系和弱关系中信息和意见的生产与再生产的竞争，实现了意见领袖对微博舆论的影响。刘洪涛等（2015）基于传统的 SIR（Susceptible Infected Recovered）模型，结合微博平台的传播特性，引入意见领袖因素，提出微博传播模型，将微博用户分为易感用户、传播用户和免疫用户，通过仿真实验和分析证明意见领袖对信息传播具有正向影响，同时验证在话题传播中意见领袖具有强大的号召力。雷宏振和丁婉娟（2015）通过行为实验研究了意见领袖特征对受众信息传播效果的影响，结果显示意见领袖持负面态度的传播效果要优于正面态度，而意见领袖对信息采取情绪型表达方式的传播效果要优于事实型表达方式，同时，意见领袖与受众之间的信任方式也是影响到信息传播效果的一个重要因素。

二、意见领袖与组织污名

关于意见领袖对组织污名的影响，并没有直接文献。一方面，这与组织污名研究的传统有关，组织污名研究一直沿袭偏见发生学的研究惯例，聚焦于被污名化的客体，即污名化组织自身的不道德行为（wrongdoing）或本质属性，而对施予污名的社会大众的视角则缺乏关注，一般简单处理为外部利益相关者或社会大众，认为他们天然地占据着价值和道德的高位，一旦发现组织的行为违反了利益相关者的预期，就会对组织施予负面标签。另一方面，尽管学者已经意识到意见领袖的重要作用，但遗憾的是并未对其背后的作用机制进行深入挖掘和实证检验。近年来越来越多的学者关注组织研究的评价视角，这也为从社会大众的污名主体视角对意见领袖与组织污名的影响进行深入挖掘提供了一个契机。

（一）创新扩散理论与意见领袖

Devers 等基于罗杰斯的"创新扩散"理论对组织污名的形成进行了理论上的探讨，提出组织污名就是一个从个体标签到集体标签转变的过程。这一理论解释强调了组织污名的形成是一个动态过程，并特别指出在这个过程中存在一个"决定的多数"（critical mass），只有当个体标签达到一定的聚集程度，完成向集体标签转化的质的飞跃时，才标志着组织污名的形成。罗杰斯的"创新扩散"理论是传播学的经典理论，这一理论基于两级传播进一步将大众传播区分为"信息流"和"影响流"，并指出"信息流"是可以直达受众的，而"影响流"则需要经过多级的人际传播的过滤才能够被受众所接受。大众传播提供新技术信息，而人际传播则起着主导的劝说作用，因为人际传播更易突破大众传播的诸多限制，改变人们对新技术的态度和接受程度。创新扩散理论表明，一个新生事物被受众接受的程度与速度，不仅与新技术的"客观特征"相关，还由人们的"主观认知"所决定，而这些则是在大众传播与人际传播的共同作用中形成和改变的，其中意见领袖起着最大化的有效扩散作用。基于创新扩散理论对组织污名形成过程进行阐释，认为意见领袖在组织的负面个体标签的扩散中发挥着重要的作用。

（二）"引爆点"与意见领袖

同样，Devers 等在对组织污名形成的探讨中特别指出"引爆点"的重要性，认为由个体标签向集体标签转化过程中存在这样一个关键的"引爆点"。在《引爆点：如何制造流行》一书中，学者将流行的爆发原因归纳为三种，分别是个别人物法则、附着力因素及环境威力，其中任何一项都可能引发一场流行。而个别人物，即"意见领袖"，很多流行的产生就是源自意见领袖的传播作用。同时，个别人物法则还可以引申为社交网络中的"中心节点"，社交网络中的大 V 也是流行的发源地。显然，"意见领袖"与"中心节点"往往因为其巨大的影响力而成为观点的引领者，并在以"意见领袖"和"中心节点"为核心的各种圈子和社群形成的"小世界"中积蓄力量，成为下一个可能的"引爆点"。

（三）媒体报道与意见领袖

学者探讨了媒体在组织污名形成中的重要作用，Carberry 和 King（2012）强调媒体关注和利益相关者行为已成为一种防御公司欺诈的方式；Reuber 和 Fischer（2010）则认为外部利益相关者的动机和媒体报道对组织污名形成能够起到一定的调节作用。我们处于一个信息爆炸的时代，每天主动或被动地接受来自各方面的信息轰炸，社会大众对组织的认知极少来自直接经验，更多地依赖于媒体传播的信息和专业人士的解读。这些第三方信息中介和专业人士就扮演着日常生活中意见领袖的作用，他们的信息分享和观点传播造就了社会大众对组织的基本印象，而大众的这种对信息整合和观点解读的需求也成为意见领袖存在的价值和意义所在。

综上所述，基于意见领袖的重要作用，从认知主体的视角出发，推断意见领袖在组织污名形成中发挥着重要作用是符合逻辑的。

第五章

意见领袖道德情绪对大众的影响机制

基于意见领袖对于组织污名形成的重要作用，我们进一步聚焦于意见领袖道德情绪对大众的影响机制。意见领袖道德情绪并没有相关的直接文献，本章的重点是对意见领袖道德情绪进行界定，同时，进一步探讨意见领袖道德情绪对社会大众的影响机制。

一、意见领袖道德情绪

（一）道德情绪

道德是人们共同的生活及行为的准则与规范，它代表着社会的正面价值取向，对行为判断起着重要作用。个体根据社会规范或行为准则对自己或他人的行为进行评价时，产生的与个人或社会利益、福祉有关的情绪，被 称 为 道 德 情 绪 （Haidt，2003；Rudolph and Tscharaktschiew，2014；Tangney，Stuewig and Mashek，2007；Weiner，2006）。由此可见，道德情绪与人们的道德判断相关，代表着个体的价值取向，是人对客观事物与自身道德需求之间关系的反应。人类的情绪可分为基本情绪和复合情绪，而道德情绪显然属于复合情绪。关于道德情绪的界定，学者并没有统一的标准。基于 Tscharaktschiew（2013）对前人研究的归纳，其中包括敬畏（awe）、蔑视（contempt）、厌恶（disgust）、尴尬（embarrassment）、感戴（gratitude）、内疚（guilt）、自豪（pride）、羞耻（shame）和同情（sympathy/compassion）等。

基于学者对道德情绪的分类进行总结，如表 5-1 所示。

表 5-1 道德情绪分类

类别	分类视角	学者
谴责别人的情绪（蔑视）、自我意识情绪（羞愧）、对他人的不幸产生的情绪（移情）与赞赏他人相关的情绪（感激）	效价	Haidt（2003）
行动者道德情绪，观察者道德情绪	指向对象	Rudolph 等（2013） Weiner（2006）
亲和性道德情绪，攻击性道德情绪	情绪诱发的行为倾向	Haidt（2003）；周晓林和于宏波（2015）
积极信号情绪，消极信号情绪	功能视角	Rudolph 和 Tscharaktschiew（2014）
可控因素道德情绪，不可控因素道德情绪	归因方式	Rudolph 和 Tscharaktschiew（2014）；Weiner（2006）

道德情绪并非天生的，而是后天习得和社会教化的结果。道德情绪在儿童三岁左右开始萌芽，不同道德情绪发展的时间也并不相同，儿童并不能迅速建立起情绪与行为之间的道德联系，只有在情绪、认知与社会行为之间建立稳定的相互联系时才标志着道德情绪的最终形成（Lewis，2003）。道德情绪在发展过程中既受到心理、气质和归因方式等内部因素影响，同时还受父母教养方式、文化等外部因素的共同影响（Lagattuta and Thompson，2007）。同时，研究表明儿童自身的气质特点和父母早期的教养行为对儿童道德情绪的发展与成熟具有极为关键的作用（Kagan，2005；Kochanska et al.，2002；Lin and Nichols，2002）。

谭文娇等（2012）认为道德情绪具有反馈功能、强化与动力功能和调节功能。反馈功能是指道德情绪在判断个体行为是否能够被社会道德所接纳时提供重要的即时反馈；进而道德情绪的反馈为个体提供内在动力，推动个体做出与之对应的道德行为，即表现为道德情绪的强化与动力功能；道德情绪通过调节个体行为促进道德的自我发展。陈英和等（2015）则认为道德行为会引发人们的洁净行为和补偿行为。

道德情绪的测量主要包括问卷测量和实验研究两种形式。就现有的心理学领域的研究来看，适用于道德情绪测量的问卷还比较少，常用的如厌恶量表（Disgust Scale）。而道德情绪的实验研究范式相对来说比较多，主要包括行为回忆范式、实物刺激范式和情境设置范式等比较重要的几种研究范式。

道德情绪是一种与道德判断相联系的情绪。通过对道德情绪的影响因素、功能和测量进行梳理发现，道德情绪代表着个体的道德判断，既包含情感反应也包含理性认知，同时，情绪与认知和社会行为之间具有稳定的相互联系。

（二）意见领袖道德情绪

意见领袖道德情绪并没有相关的直接文献。意见领袖的概念源于二级传播模式，起着沟通大众传播与个体传播的枢纽作用。随着新媒体的崛起，意见领袖呈现出更多的新特质，引发了学者的进一步关注。首先从概念的界定上做了进一步的区分，其次对意见领袖新的研究动态进行了梳理和分析，学者从不同的视角对意见领袖的各个方面进行了探讨。例如，利用传统传播学原理对微博意见领袖的主体特征和影响力进行研究；从计算机信息科学技术领域，利用大数据建立微博意见领袖的筛选和识别模型；从社会学视角，运用社会网络分析方法对微博意见领袖的影响力和作用机制进行分析。尽管学者对微博意见领袖做了大量的探讨，但是还未有学者对意见领袖的信息分享和观点传播功能进行区分，在传统大众传媒时代，意见领袖并不具备生产信息的功能，但是在社交网络时代，部分意见领袖基于自身拥有的社会资本和强大影响力，担当了"把关人"的角色，开始介入信息发掘阶段，成为信息传播源。具体表现为意见领袖的位置被显著"前置化"，部分博主介入到早期的信息发现和挖掘阶段。基于新媒体时代意见领袖对大众的重要影响作用，我们对其传播内容和议题框架进行了深入分析，情绪分析是目前最主流的内容分析方法，而道德情绪本身与价值判断相关，同时还是一种更为细粒化的情绪分析。

综上，意见领袖道德情绪就是意见领袖对组织行为的价值和道德判断，既是意见领袖的一种观点表达，同时也是一种细粒化的情绪分析。

二、意见领袖道德情绪对大众的影响机制

意见领袖有两大重要社会功能，一个是信息传播，另一个是观点分享。

风险的社会放大框架包含两个作用机制：信息机制，即风险或风险事件的信息传递过程；社会反应机制，即风险通过风险社会放大站（个体放大站和社会放大站）引发相应的行为反应，进而产生次级影响和"涟漪效应"并向外扩散。在社会风险放大框架中，作为个体风险放大站的意见领袖如何发挥其功能，将在以下进行充分讨论。

意见领袖的观点更易被受众所接受和传播，首先，源自意见领袖的强大影响力。第一，意见领袖处于社交网络中的关键节点，掌握大量的"社会资本"；第二，意见领袖与受众认同的价值"趋同"，与受众之间联结更紧密，更趋向一个稳定的社群。其次，因为社交网络时代意见领袖呈现出新的特征。区别于大众传播时代的"言之则信之"，社交网络时代的意见领袖更加强调"内容为王"。大众传播时代意见领袖并不具备生产信息的能力，而在社交网络时代，部分意见领袖不再仅仅是大众传播的信息分享者，而是通过自身拥有的社会资本和影响力介入早期的信息发现和挖掘阶段，因此，意见领袖既是风险信息分享的源泉，也是风险观点的传播者，一方面，影响受众的风险感知；另一方面，据此增强自身的影响力，同时，意见领袖自身的影响力愈大就愈会对受众风险感知产生更大影响。尽管意见领袖的信息分享功能非常重要，但意见领袖的观点传播功能更能够体现其对受众的影响。因为受众追随意见领袖主要是为了获取专业建议，组织不道德行为引发的风险事件由于其突发性，常常处于信息和观点的真空状态，来自专业人士的风险信息解读和观点就会成为稀缺资源，意见领袖的观点更易被大众所接受。

意见领袖道德情绪既包含理性判断也包含感性认知，一定意义上代表意见领袖对该事件的基于道德和价值判断的观点。而来自传播学、心理学和社会学领域的大量实证研究指出，信息所携带的情绪强度对信息的传播具有一定的促进作用。特别是情绪唤起，可以促进人们的信息分享行为。学者研究表明，不需要面对面的交流和非语言暗示，大规模的情绪交流可以通过社交网络发生，且与关系的亲密程度无关。王雅奇（2010）进一步验证了这一点，理性的意见领袖会将网络民意情绪引向理性讨论，反之，情绪化的意见领袖会将网络民意带向情绪化。学者还发现意见领袖传递的不同情绪会影响人们的分享和转发行为。

情绪感染，即群体成员有意识或无意识地传递情绪、行为和态度，而影响其他成员的情绪或行为。学者的研究表明群体成员之间存在情绪感染，当群体中的一个成员体验到某种特定的情绪时，就会引导群体的其他成员具有相同的情绪。尽管情绪感染的定义不尽相同，但可以宽泛地定义为是一种情感体验，它是由感知到的另一种情绪所唤起并与之相匹配的情感体验。Hoffman（2002）提出了两种引发情绪感染的机制。一种是模仿—反馈机制，另一种是情绪—唤起机制。学者还进一步提出了情绪感染的两个高级认知机制，一是语介联想（language-mediated association）机制，二是观点采择（active perspective taking）机制。学者研究发现，在一个团队中，领导的负面情绪会感染团队中的其他成员。另外，学者进一步验证了在群体成员的情绪感染过程中领导者扮演着重要的角色，领导的情绪会感染团队成员，无论是正面还是负面的情绪，通常那些更多展示正面情绪的领导，其团队也会更多展现出更积极的团队精神和更高的工作效率。基于文本的情绪交流实际上是一个普遍存在的情绪现象，其本质也是一个情绪感染的过程，因此对意见领袖的文本进行情绪分析是十分必要的。

情绪易被受众感染，形成群体情绪。Barsade（2002）研究表明群体之中存在着情绪感染。人是"行走的情绪诱导者"，情绪感染会影响他人的情绪，进而影响他人的判断和行为。同时还发现，积极情绪与消极情绪在感染程度上并没有区别。尽管大家一直以来都认为计算机媒介传播会破坏情感理解，但是事实上经历过负面情绪影响的参与者会更趋向于消极。同时，Kramer等（2014）还通过Facebook上的情绪实验发现大规模的情绪感染可以通过社交网络传播发生，而且合作伙伴之间的消极情绪感染会更加显著。

意见领袖通过话语共意、身份共意和情感共意来实现对公众情绪的引导，甚至会由此引发集体行为并一定程度上改变事件的发展趋势和方向。企业偶发的不道德行为通常会带来一定的风险，伴随着信息和观点的真空，社会大众的即时反应就是第一时间去寻求讯息，意见领袖凭借其特殊背景则扮演着信息的分享者和观点的提供者的重要角色。风险事件本身会让意见领袖与受众之间达成话语共意基础。意见领袖与其受众之间有着趋同的价值观，因此更易形成一个稳定的社群，即使意见领袖具有专业背景或社会地位的优势，但仍以普遍社群中的一员而自称，这样会拉近与受众之间的距离，实现最大程度的身份共意。情感共意是情绪表达的基础，意见领袖基于道德判断的情绪表达更易与受众形成情感共意。组织的不道德行为引发的风险事件本身是激发话语共意的客观条件，意见领袖与受众之间的身份共意也是其一直试图营造的客观结果，而意见领袖的情绪表达则是与受众形成情感共意的重要途径，基于道德判断的道德情绪则更易与受众达成情感共意。

意见领袖通过设置议题框架影响大众的社会认知。沈红娟（2013）指出对于一个公共事件而言，实现从一个新闻话题到公共议题的转变的关键是基于网络的情感动员。曾鹏和罗观翠（2006）的研究也表明，网络公共事件通过"情感共鸣"能够实现自发的网络动员并吸纳更多的行动者。对于个体而言，网络公共事件并不会产生直接的利益相关，意见领袖只有通过基于情感的"共意动员"才能吸引更多的受众参与进来，意见领袖则能在这一过程中增强自身的影响力（高恩新，2009）。高文珺和陈浩（2014）基于社会认同和群际情绪理论，对网络集体行动的特点进行了分析，建构了网络集体行动的认同情绪理论模型，阐释了网络集体行动发生的心理机制。研究认为，引发全民关注的社会事件是启动网民情境认同或常态认同的情境刺激，大众会从自身所处的群体角度出发基于认同对这一情境做出合理解释，激发情感共鸣进而形成行为倾向，并最终决定是否参与到集体行动中，同时进一步通过网络集体行动改变情境或事件的进展。意见领袖作为人群中的活跃分子，受众之所以对其进行追随就是因为对其专业见解、社会地位或独到观点的认同，而这种认同更易激发情绪感染。意见领袖往往能够影响甚至左右网民的看法，引导和控制舆论走向。意见领袖道德情绪实质上是一种基于道德判断的议程框架，更易引发受众的情绪共鸣，甚至会激发集体行动。

意见领袖通过情绪框架影响受众。框架理论认为，信息的组织及表征方式会影响个体对相关议题的反应。Robert（2003）对框架功能进行总结，归纳为界定问题、分析原因、道德判断和对策建议。意见领袖道德情绪一定意义上就是对社会事件的道德判断，既包含理性判断也包含感性认知。意见领袖与受众之间由于趋同的价值观易形成稳定的社区，意见领袖通过议程框架所表达的观点极易被受众所接受。芦何秋和杨泽亚（2013）基于三十件重大公共事件相关的新浪微博数据研究发现，"情感表达"框架相较其他形式的框架处于主导地位，因为相对于理性认知，情感表达更易激发广泛共鸣并形成较强的舆情动员效力。相较而言，精英型意见领袖更倾向于"问题定义"，而未具名的微博用户则更倾向于情感诉求，更具娱乐化倾向。但是最近的研究发现，意见领袖的议题设置大多倾向于情绪框架，只有极个别倾向于事实框架（王雅奇，2010）。分析原因如下：第一，媒体传播的娱乐化倾向愈演愈烈；第二，微博自身特有的区别于大众传播的语言和议题框架特点（乐晓磊，2007；刘章蓉，2011）。

Luminet 等（2000）研究表明，情绪的社会分享行为不仅取决于情绪性事件所诱发的情绪强度，同时，还取决于情绪事件的道德属性。组织违反利益相关者预期的行为或由此引发的事件承载着一定的道德属性，而事件的道德属性会影响分享行为。意见领袖的情绪作为道德力量发挥着作用，而社交网络带来的信息沟通的便利性，更易引发价值观或社会地位趋同的传受双方之间情感的共鸣。因此，意见领袖通过设置议程框架实现情绪感染，进而影响受众的风险感知，成为风险的社会放大框架中的个体放大站。

第六章

大众风险感知
——组织污名的社会心理机制阐释

组织污名形成的社会心理机制，一直未得到学者应有的重视，只是简单解释为组织零星偶发的不道德行为违反了利益相关者的预期，或不符合大众的道德判断。人类已经进入风险社会，风险已成为人们认知社会的一种重要解释框架，同时，基于风险的社会放大框架，并结合社会认知理论，大众风险感知成为组织污名形成的一种重要的心理解释机制。

一、大众风险感知

（一）风险感知内涵

风险感知（risk perception）指人们对风险事物和风险特征的感受、认识和理解。风险感知属于心理学范畴，强调个体由直观判断和主观感受获得的经验对认知的影响。大众对客观事物的感知必然影响其态度。风险评估和风险管理是基于人们已有的风险认知水平而采取的评估和管理活动，因此，风险感知是其重要组成部分（Gillian Hawkes and Gene Rowe，2008）。风险感知是风险研究的一个重要理论问题，同时又具有重要的现实意义。

学者们从不同的视角进行了阐释，其中，英国皇家学会关于风险感知的定义比较经典，"人们对危险和收益的信念、态度、判断和情绪，以及更广泛意义上的文化和社会倾向"（Parkinson，1992）。Weinstein（1982）则最早从群体和文化的视角对风险感知进行了界定，认为风险感知超越了个体，是反映价值、表征、历史和意识形态的一种社会和文化建构。而 Slovic（1987）则强调了风险感知的主观性以及非逻辑思维的特征。公众的风险感知并不是一蹴而就的，而是伴随着时间的进程逐渐形成的，其影响因素包括个人阅历和社会环境，以及社会行为规范和媒体信息。Stikin 和 Pablo（1992）、Sitkin 和 Weingart（1995）都是从情境出发，对情境的可控性进行估计，并对这些估计的信心度进行研究。Cutter（1995）则从群体的视角出发，认为风险感知是人类了解某个特定风险，并对该风险进行评估的过程。谢晓菲和徐联仓（1998）则认为，风险感知是指个体对外界环境中各种客观风险的主观感受、经验和认识。学者们进一步认为外界环境中客观风险的存在形态是复杂和多样的，通过个体的主观性过滤，其风险感知的形态也必然是复杂和多样的。以上分析表明，随着研究的逐步深入，学者关于风险感知内涵的研究视角也愈加多样化，而从不同的视角对一个概念进行建构，正是研究复杂性的体现，同时也说明风险感知本身的复杂性。对风险感知的内涵进行总结，如表 6-1 所示。

表 6-1　风险感知的内涵

定义	学者
反映价值、表征、历史和意识形态的一种社会和文化建构	Weinstein（1982）
描述人们对风险的态度以及对风险的知觉判断	Slovic（1987）
不仅具有个体性，还是一种能够反映价值和意识形态等的社会和文化建构	Wildavsky 和 Ke（1990）
人们对危险和收益的信念、态度、判断和情绪，以及更广泛意义上的文化和社会倾向	Parkinson D.（1992）
决策者评估情境所包含的风险，包括决策者如何描述情境、对风险的控制性与概率估计及估计的信心度	Stikin 和 Pablo（1992）
对情境不确定性的概率估计、对情境可控性的评估以及对这些估计的信心度	Sitkin 和 Weingart（1995）
人类了解某特定风险，进而对该风险进行评估的过程	Cutter（1995）
个体对外界环境中各种客观风险的主观感受、经验和认识	谢晓菲和徐联仓（1998）

（二）风险感知概念模型

风险感知是一个动态的变化过程，每个人对风险评估的标准都不尽相同，极端的风险事件对人的风险感知的影响过程非常复杂。人的深层认知结构和外部事件是相互联系的。其中感知过程、文化影响、有意识的想法与图像等诸多因素都会对风险感知产生影响。基于此，Langford（1999）建立了一个动态的风险感知多维模型，模型包含四个维度，涵盖了认知心理学、地理学和信息科学等内容。感知是人类对外界环境和事物的刺激所产生的一系列的情绪变化，是认知等心理过程的关键因素。风险感知的定义具有复杂的交叉性，它是由人的心理引发的对外界风险事件的一系列的认识过程所构成的，最终能够指引人的决策行为。

综上，所谓的风险感知就是指在个人感知与社会影响的双重作用下，人们对存在于外在环境中的危及自身安全的风险，所形成的对这些风险的主观感知和体验。

（三）风险感知两个研究视角

风险感知一直有两个研究视角，分别是心理学视角和社会学视角。

基于心理学视角的风险感知认为，风险感知研究有两个基本原则假设：第一，风险感知是主观的，可以被量化和模型化；第二，对风险的感知因人而异。

基于社会学视角，Kasperson 等（1988）根据风险信号理论，提出了一个概念分析框架——风险的社会放大框架（social amplification of risk framework）。风险社会放大框架指出危险事件本身并不是产生不良的社会和经济影响的唯一因素，风险因素、媒体介入以及信号价值也是重要的影响因素。这个分析框架综合对风险的"扩大"或"弱化"进行了阐释，描述了心理、社会、文化和政治因素之间的相互作用。早期风险感知研究主要集中于风险事件导致的风险感知。但是学者研究表明，风险事件除了自身会对经济和社会造成负面影响之外，还会带来间接伤害和影响。风险事件会引发"涟漪效应"，首先会对受害者产生直接影响，其次会波及相关责任公司，最后会扩展到其他领域。心理测量范式研究表明，有些因素对大众的风险认知能够起到放大或弱化的功能。对于组织而言，组织的结构、功能和文化影响着风险信号的放大或弱化；对于个体而言，情感启发式、风险性质、先在态度、社会信任等因素都会影响风险信号的放大或弱化。风险是一个多维的概念，事件本身的性质和严重程度，信源和信息渠道构成的特定信息系统的特点，以及公众反应和社会文化背景特点等都会影响和决定风险的性质和程度。因此,"风险不仅是一种事实的结果,而且是事实、特定社会结构和特定社会文化或者价值系统之间的累积性互动"(Lombardi,2004)。风险的社会放大框架背后隐含的基本假设是风险感知是各个因素系统作用的结果,风险感知是可变的,即在风险沟通过程中发生的变化往往是难以预料和不可控的。

二、基于风险的社会放大框架的分析

基于风险的社会放大框架的分析,如图6-1所示。

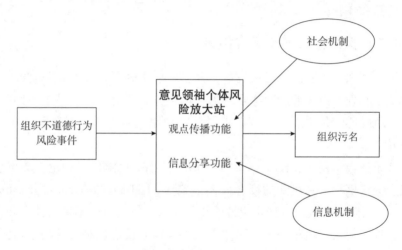

图6-1 基于风险的社会放大框架的分析

风险的社会放大过程分为三个阶段。第一阶段是指大众的虚拟风险体验的形成阶段。这一阶段主要是风险事件的信息传播阶段。风险因素通过风险事件由潜在转变为现实,因此,基于对信息寻求的迫切性,这一阶段不仅是风险信息的传播阶段,同时也伴随着风险本身的影响和传播,起到了客观的风险放大器和触发器的作用。第二阶段是风险事件的传播阶段,在这一阶段中风险放大站起着关键作用,他们基于自身的社会背景和视角对风险事件本身进行编码并传播。而大众则通过不同的方式获取并接收相关信息,使之置身于特定的危机情境,形成虚拟风险体验。第三阶段是风险的心理认知阶段。受众基于接收到的风险事件信息,出于个体差异会产生不同的风险判断和认知。当然，大众风险感知是一个动态过程，随着风险信息传播的变化，公众对风险的判断也呈现相应变化进而影响其认知和反应。

风险的社会放大框架实际上包含两个作用机制，一个是信息机制，指风险或风险事件的传递，包括风险的社会传播和非正式的沟通网络；另一个是社会反应机制，学者最新研究成果认为包含五种启动反应机制，分别是公众感知和价值观、社会群体关系、信号值、污名化、社会信任。其中污名化是指与负面的个体或社会群体相联系的刻板印象，它会促使人们产生对污名对象的刻意回避行为，甚至还会进一步引发消极的社会后果。

风险放大站是指对风险信息进行分享，对风险事件进行意义建构和解读，并将这些观点进行传播的重要机构或个体，他们极大地影响着受众对风险事件的认知。需要进一步说明的是，风险放大是指真实的风险与人们感知的风险之间的偏差，因此，风险放大站既可能放大风险感知，也可能通过良好的风险沟通弱化风险感知。风险事件通过风险放大站的信息分享和观点传播功能，激发"涟漪效应"，放大公众的风险感知，进而影响公众对风险的认知和行为反应，甚至还会造成一定的次级效应。

风险放大站包括两类，一类是机构放大站，诸如政府及相关部门、媒体、环保 NGO（非政府组织）或科学组织等；另一类是个体放大站，主要指意见领袖。在大众传播时代，政府机构和媒体起着关键的风险放大站作用，随着社交媒体的兴起，意见领袖的作用日益凸显。风险已成为当下的社会常态，人们无时无刻不处于风险状态，而频发的风险事件又会刺激人们的风险感知。对于以风险框架形式建构起来的大众风险认知印象，学者一致认为，主导这种认知的是"族群中的精英"，即人群中的意见领袖（胡百精，2013）。

社交网络已成为当下社会沟通的主要载体，意见领袖的作用日益凸显。意见领袖主要有两大社会功能，一个是信息分享功能，另一个是观点传播功能。基于意见领袖个体风险放大站作用，第一，意见领袖承担着风险事件及信息的扩散作用。第二，意见领袖影响受众对风险事件的归因。归因是风险的社会建构中的关键一步，人们将风险事件归因于组织内部属性还是外部环境压力，这会严重影响风险感知。风险源自不确定性，表现为风险事件未来发生的结果和损失发生的不确定性，而损失的不确定性则进一步表现为损害程度的大小和发生的可能性，这会直接影响人们的风险感知。

第三，意见领袖是风险价值的主要扩散渠道。区别于政府机构与媒介，意见领袖通过对风险事件的深度解读进行价值观扩散。意见领袖很多来自公共知识分子，他们依赖自己的专业知识和独立思考，成为公共良知和公民利益的代言人。他们往往会超越个人利益，以更博大的人文关怀和社会关怀积极介入到公共事件中，同时还会充当"质疑者"的角色，对风险事件背后现存的秩序和制度进行批判和反思，进而放大公众更深层次的风险认知。

意见领袖的身份类型是非常复杂的，既包括专业机构、知识精英，也包括来自底层的草根，这种背景的复杂性决定意见领袖具有不同的视角和利益诉求。意见领袖自身的诸多因素都会影响其舆论影响力，如意见领袖的背景、参与议题类型、表达框架等，而学者通过研究还发现，相对于"事实表达"，意见领袖更倾向于"情感表达"，通过情感框架建构议题、传播话题，并实现共意，动员网络集体行动，进而在此过程中积累影响力并树立权威。在一定程度上，意见领袖群体通过其建构的议题框架的情感诉求及其动员效力来影响舆论走向。

组织的不道德行为引发的风险事件是大众感知风险的充分条件，意见领袖通过信息分享实现风险信息的扩散，同时，通过对该风险事件的观点解读和传播影响大众的风险归因，最终实现风险价值的扩散。意见领袖对风险信息和观点的传播是一个契机，会触发社会大众对组织行为的广泛认知，但是风险所引发的一系列社会反应会导致这种认知偏离客观现实。信息爆炸的时代，"内容为王"愈发凸显，因此，本书将研究重点聚焦于意见领袖的观点传播功能。

三、社会认知理论

社会认知是指个体对社会性客体和社会现象及其关系的感知和理解（庞丽娟、田瑞清，2002）。社会认知理论依据认知对象可以划分为自我认知、人际认知、群际认知和社会事件认知，其中社会事件认知包括社会归因、社会推理与社会决策等。社会认知理论作为一门交叉学科，是社会心理学与认知心理学相结合的新兴产物，兴起于20世纪七八十年代，近年来得到迅猛发展，引起了学者的广泛关注，如今已成为一个非常重要且相当活跃的研究领域。狭义的认知是指对物理客体的认知，而社会认知是一个综合和广泛的认知过程。社会认知一般会涉及社会信息的辨别、归类、采择、判断、推理等心理成分，即林崇德所提出的涉及人对社会性客体之间的关系等的认知，以及对这种认知与人的社会行为之间的关系的理解和推断。还有学者探讨了一些关于个体或群体的知识如何在记忆中表征，以及该知识如何在后继的判断中发挥作用的理论模型、范畴模型、样例模型、群体表征的混合模型和情境模型。本书的研究范畴界定为事件污名，因此，社会认知理论在本书中仅限定于社会事件认知。

　　鉴于社会认知理论中的社会事件认知作为本书的理论基础，组织污名的本质是社会大众对组织内部特质和属性的一种意义建构，一方面，从污名主体的研究视角对意见领袖的作用进行考量；另一方面，从宏观的社会制度和文化背景层面去探索组织污名形成背后大众的认知心理路径。

　　基于社会学视角对风险认知的研究主要体现在将风险感知与文化理论相结合。文化理论对风险认知的意义体现在强调将文化作为风险判断的背景。人们对风险的感受是主观选择的结果，而这种主观选择又与人们所处的社会背景相关，在此意义上，从文化理论看来，风险是社会建构的概念，而人们的风险认知则是社会建构的过程。

　　风险存在的根本原因源于未来的不可知与不可控。通过对风险概念的阐述，我们认为"风险感知"更适用于本书。基于心理学和社会学两大不同视角对风险感知进行梳理，从心理学视角出发，通过复杂的社会作用机制，人们感知的风险与实际风险相较可能会放大或弱化。而这一分析框架也为我们对组织污名形成进行研究提供了一个新的可能视角。个体污名研究有社会学和心理学两大视角，对于组织污名而言，一直缺乏社会心理学层面的深入阐释。对于组织污名的形成总是归结于违反外部利益相关者的预期，认为他们占据着价值和道德规范的高位，想当然地会对组织行为给予各种道德判断并施予标签。而风险的社会放大框架为我们提供了一种可能的解释机制，一方面，这一框架涵盖的污名化机制为我们提供了借鉴，另一方面，大众风险感知也为组织污名形成提供了可能的社会心理解释机制。

　　综合以上分析，基于社会认知理论构建理论模型，以意见领袖道德情绪为自变量，大众风险感知为中介变量，探讨意见领袖道德情绪对组织污名形成的社会心理作用机制，理论模型如图6-2所示。

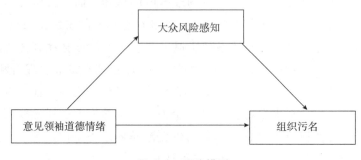

图 6-2　理论模型

基于所构建的理论模型，需要特别指出的是，在逻辑上存在着意见领袖对大众的影响机制，这一点需要进行深入解释和说明，因此，关于理论模型的探讨，将从以下三个方面进行：第一，探讨意见领袖道德情绪对组织污名的影响作用；第二，探讨意见领袖道德情绪对大众风险感知的影响作用；第三，探讨大众风险感知对组织污名的影响作用，并阐释其在意见领袖道德情绪对组织污名影响中的作用机制。

四、意见领袖道德情绪与组织污名

本书基于社会认知理论构建理论模型，对意见领袖道德情绪与组织污名之间的作用进行探讨。本书研究对象界定为组织的不道德行为导致的事件污名，因此，聚焦于社会事件认知。社会事件认知包括社会归因、社会推理与社会决策等。其中社会决策是指大众对社会事件的判断，是一系列认知行为与意义建构的最终结果。组织污名是社会大众对组织不道德行为或内部属性的意义建构，基于态度三原则，组织污名包含了社会大众的认知评价、情绪反应和行为倾向。组织的不道德行为本身是客观的，由此引发社会大众的一系列认知行为，对组织行为进行归因和推断，最终形成对组织内部特性的判断，并形成最终的社会决策，对组织形成自己的认知评价，引发相应的情绪反应，采取一定的措施，如主动传播关于组织的负面信息，对组织形象进行负面评价，排斥该企业产品，甚至歧视该组织内部成员等。

组织的不道德行为本身是客观实在的，而由此引发的社会大众对组织内部特质的判断则是建构的，尽管认知个体本身的意向性存在着差异，但事件本身的客观实在性赋予的社会文化意向则是人们对组织评价达成共识的基础，这是组织污名形成的关键。归因（attribution）是指"个体对某一事件或行为结果的原因的知觉"（张爱卿，2003）。归因是风险的社会建构中最为关键的一步，事实上，社会大众并不关注引发风险的真正原因，而是关注大众都认同的原因，因此，从本质上来说，归因也是建构的。基于社会事件认知视角，组织的不道德行为是社会大众对组织内部属性认知的开始，对引发大众风险感知的组织行为的责任推断就是大众对其行为动机的推断。因为相对于"做了什么"，人们往往更关注背后的动机"为什么这么做"（Gilbert and Malone，1995）。在日趋成熟的商业社会，社会大众对企业承担社会公民责任有了更大的预期，希望组织不仅能够承担社会责任，还能够提供更多的福利，因此，组织一旦被个别利益相关者发现违背了社会大众的预期就会被贴上负面标签，进而引发社会大众对组织内部特质的判断。企业社会活动的目标是复杂的，既有经济性又有社会性，大众在对企业行为动机进行归因时，会同时考虑两种不同的动机。根据归因折扣原则，解释行为因果时，如果情境中出现其他似是而非的原因，人们往往会对已有的归因大打折扣。当组织的行为违反了利益相关者的预期，甚至这种行为引发了大众的风险感知，社会大众会将组织事件归因于组织内部特质，并认为组织本身就存在不道德的基因。对于组织不道德行为引发的风险事件，意见领袖会通过建构风险议题来引导社会大众对组织行为的归因。学者的研究表明对组织的正面归因会产生积极影响，而对组织的负面归因会产生消极评价。

责任推断（又称责任归因）是对他人行为结果的归因过程及对有关行为的责任的推测。在风险事件的特定情境下，学者研究表明，责任归因在消费者危机信息认知过程中居于主导地位，因为其会影响消费者的危机认知、情感反应与行为意图。因此，Coombs 认为责任归因是消费者控制危机的第一步。Laufer 等认为，在产品伤害的危机情境下，消费者的风险感知越强，则将责任归因于企业的可能性就越大。汪兴东等研究表明，尽管在产品伤害事件中消费者的负面情绪和行为意向会受个人忠诚度的调节，但是消费者更倾向于将事件的责任归因于外部，即企业，而非个人。人们对组织行为的责任推断是非常重要的，因为这是人们一种最为直接的反应，会直接影响人们的情绪和行为意向。归因会影响社会大众的态度、行为和对企业形象的感知。组织自身零星的、偶发的不道德行为明显违背了外部利益相关者的预期，会引发大众的风险感知，因而更易引发归因偏差。一方面，由于负面事件本身就更易引起人们的关注，即使这种行为是由于外部压力产生的，人们在对其动机进行解释的时候也往往会归因于内部特征而非外部环境。另一方面，人们想当然地认为遵循社会需求和规范是每个组织的天职，因此很少有人去关注正面行为并将其动机归因为内部特征，即"坏人也可能做好事"，这样的逻辑推断会进一步弱化正面行为的信息价值，因此，人们未必会把正面行为归因于行动者的积极内部特征。这同样也适用于组织层面，人们对组织的负面行为更易归因于其内部特质，而对其正面行为则未必如此。当组织被个别利益相关者贴上负面标签时，人们对组织内部特征已有一个负面的预判，因此，来自第三方的关于组织的负面信息更易被接受，并将组织的不道德行为归因为组织内部特质具有的先天的"恶"的基因。认知是一个复杂过程，对一个事件背后动机的推断会同时存在积极归因和消极归因，根据"最小认知努力"原则，人们往往会利用启发式进行信息推断。同时，基于对应推论理论，当组织的行为违背利益相关者社会期望的时候，社会大众更可能基于此推断他的真实态度是消极的，是利己的，是为了自身的利益最大化而去损害大众的权益。因此，最终社会大众会对组织有一个去个性化的内部特征预判，并会对组织给予负面评价，而当这种负面评价累积到一个临界点，人们会给组织的内部特质烙上一个消极的印记，即组织污名。

随着社交网络媒体广泛应用于信息社会，意见领袖不再是简单的大众传播与人际传播的枢纽，而是兼具人际传播、群际传播和大众传播的属性，嵌入到网络传播结构中的关键节点，进而成为拥有巨大社会动员能力的网络行动者，发挥着左右舆论的作用。组织中零星的、偶发的风险事件，常常伴随着信息和观点的真空，在这一特定情境下，来自第三方的意见领袖的信息和观点往往更易影响受众的认知。

意见领袖对受众的影响还体现在其归因方式上，因为归因方式代表着价值判断，而这种价值判断不仅会影响受众的社会判断和评价倾向，还会影响其社会决策。关于风险事件的归因和责任推断一直是风险建构最为重要的内容，因为这决定大众如何去感知风险。在大众传播时代，媒体对风险的建构发挥着极其重要的作用，不仅表现在对风险事件报道的数量上，同时还表现在对风险的框架效应（framing）上，学者认为风险的社会化过程就是在这种高度框架化的话语里产生的（Kasperson et al.，2003）。同时，Beck 也指出"现代风险由工业制造出来，被外部经济化，被法律制度个体化，被自然科学合法化，且被政治变得表面无害"，事实上已变得很难对风险的主体进行归因。因此，意见领袖对风险事件形成原因的深入剖析，会对受众的风险事件归因产生深刻的影响。因为在这个信息爆炸时代，专业独到的观点才是真正的稀缺资源，只有观点才能够直达人心并与精神世界相连。

　　意见领袖对受众的深刻影响还体现在受众面对极其复杂的风险议题时，议题越复杂越难以评估，来自意见领袖的观点就越能够影响人们对风险事件的认知。尽管意见领袖的来源是复杂多样的，他们所关注的利益点也不尽相同，但从根本上，意见领袖之所以被普通受众所追随，主要在于他们能够超越个体利益，去探究诱发风险事件发生的更深层次的原因并激发受众思考。一般而言，意见领袖会将归因引向更深的制度层面。例如，从政府与民众互动的角度，会将风险归因于政府信息不透明和民众参与度低；从民众的视角，会将风险归因于制度化的利益表达机制的缺失。实际上，这些都是引发社会风险的直接原因或微观透视，总体上缺乏对制度归因深层次的理性思考。而这些归因极易被社会大众所接受并诱发主观感知层面的反应，诸如引发社会大众的普遍焦虑，加剧对政府的信任危机等。因此，一旦意见领袖将风险事件的归因引向特定的组织内部特质时，那么对于一个组织而言将会是一项巨大的挑战，会面临来自社会大众的广泛质疑，包括对组织的合法性、组织伦理和组织社会责任的拷问，进而对组织产生更加深远的消极影响。

　　社会决策是社会认知的核心与最终结果，指的是对社会事件的判断和取舍。学者研究表明，中西方文化背景的差异会影响人们的社会决策。诸如学者研究发现，沿袭西方文化背景下的社会决策研究并不能够在另外的情境下得到同样的结果，因此对"决策者—建议者"系统模型需开展跨文化研究（李跃然、李纾，2009）。不同文化背景下的不同价值取向，会影响人们的社会决策。西方文化强调"自我本位"，强调运用社会原则、标准和规范来解决社会问题，关注的是个体的利益并思考"如何对我最有利"，而中国文化强调"他人本位"，更多的是基于"他人视角"（包括个体他人、家族、国家民族）作出判断和行为决策。这种文化差异还体现在中国文化情境下，人们更倾向于从道德水平和价值观方面对事件进行归因和判断，而不是基于客观事实或行为本身。李健等（2011）通过道德两难冲突情境下的神经机制研究表明，道德两难问题基于感性判断和理性判断双重加工，而理性判断的实现不仅是对情境的认知，同时还要对感性判断进行抑制。意见领袖道德情绪代表的是一种基于道德判断的感性认知和理性分析，而由此建构的议题框架更易引发受众的共鸣，进而对组织做出符合社会道德规范和价值取向的判断，以及相应的社会决策。尽管个体之间存在着一定差异，但具有相似知识背景或认知经验的受众之间更易产生共鸣并达成基本共识，意见领袖实际上促成了这种共识，当对组织内在特性的消极意义建构凝聚成为一种普遍共识时，便意味着组织污名的形成。

因此，有如下假设：

[假设1] 意见领袖道德情绪影响组织污名。

五、意见领袖道德情绪与大众风险感知

风险的概念最初是从心理学延伸出来的。学者认为风险与不确定性相关，是未知结果与损失发生的不确定性。而风险最直接的表现则是潜在的损失大于收益，更多的是一种威胁，而不是机会。Douglas（1985）认为现代社会的基本概念集合就是风险，人类已进入以风险为基本框架的风险社会。Short（1987）也指出风险已被纳入现代社会生活管理的一部分。

风险感知是个体对外界的客观风险的主观感受和认知。由于个体差异，人们对同样的风险事件的感知是不同的，这些主观感受会受到心理、社会和文化等多方面因素的影响。Fischhoff（1978）总结了影响风险感知的特征，如事件的严重性、普遍的恐惧、影响的长期性或灾害，而负面情绪，如恐惧、焦虑和悲伤等会使人们放大对风险的判断并产生悲观预期，并因此减少投机行为以降低风险。

（一）风险即情感（risk as feeling）

风险即情感强调了情绪对于风险感知所起到的不可替代的作用。情感或情绪对风险感知的影响一直是学者关注的一个重点。依据人们对风险的认知与反应方式的不同可将风险分为两种，一是以本能（Instinctive）和直觉（Intuitive）为基础的感知性风险（risk as feeling），二是以理性、逻辑和科学技术为基础的分析性风险（risk as analysis）。研究表明情绪会影响公众的风险感知和应对行为。事实上，社会大众的风险感知也存在着理性认知的一面，只是情绪会对风险的判断产生更强烈的影响，而这种影响的方式既简单又复杂（Slovic，1982）。学者认为情绪会影响推理，因为在信息处理方面，情绪通道虽不精确但短小，而理性通道虽精确却缓慢，当人们面对风险威胁时，迫于时间压力更多的会借助情绪反应迅速判断，而非通过复杂的精密计算。不同的情绪会对决策行为产生不同的影响。Slovic 等研究指出正面情绪易促使人们对风险的评估偏向乐观，而负面情绪则更易使人们对风险的评估趋向于悲观。有学者研究了不同负面情绪对风险感知的影响，并证实强烈的情绪如恐惧和愤怒，会使人们夸大对风险的评估，提升风险感知水平并显著影响行为决策。同时，孟博等的研究表明情绪因子会使 63% 的人在面对风险时产生态度波动，而愤怒和恐惧是其中影响最为显著的情绪类型。

（二）道德情绪与评价倾向

评价倾向模型（Appraisal-Tendency Framework，ATF）是指认知评价维度与情绪之间相互作用的过程，具体是指特定的认知评价会诱发特定的情绪，反过来，被诱发的这种特定情绪又会对认知评价产生一定的促进作用，这就为认知评价与情绪反应之间建立了某种相对固定的联系。代表意见领袖价值判断的道德情绪会激发大众的相应情绪反应，反过来，大众的道德情绪又会促进人们的价值判断，这是一个循环往复并相互促进的过程，因此，在意见领袖情绪的影响下，不管是对大众的情绪反应还是认知评价都得到了强化。学者指出 ATF 实际上是一个"更加关注情绪的细微差别，并且与具体情绪有关的模型"。ATF 就是一种"评价倾向"过程，特定的情绪会引发隐含的特定指向的"认知倾向"，并由此对未来的事件进行评价，同时这一过程也伴随着能够充分体现这一特定情绪特征的事件评价形式。Kim 和 Cameron（2011）通过实验证明，在危机事件中，不同的情绪框架会带给大众不同的情绪反应，并会影响个体的信息处理方式和对组织行为的评价。进一步来说，与悲伤框架相比，愤怒框架会让受众对公司给予更多的负面评价。

学者指出"评价倾向"会通过两种方式来影响判断：深度加工方式和内容加工方式。具体来说就是不同的情绪会启动不同的信息加工方式。

Tiedens 和 Linton（2001）发现，高确定性的情绪（如气愤、高兴）会使个体对未来的情境更加确定，并会引发启发性的深度加工方式；反之，低确定性的情绪（如悲伤、恐惧、希望）将引发系统性的加工方式。学者展开科学研究，探讨不同情绪对个体的判断方式、责任归因和评价倾向的影响。研究表明，气愤能够引发个体的启发性的加工，而悲伤则会引发系统性的加工。Han 等（2007）提出特定的情绪也会影响思维的内容。悲伤情绪倾向于触发知觉情境控制的评价倾向，而气愤情绪倾向于触发知觉个体控制的评价倾向。简言之，处于危机情境下，悲伤个体往往把责任归因于情境因素，而气愤个体则把责任归因于个体因素。将此结论应用到组织危机情境，被诱发出气愤情绪的个体对组织会有更强烈的责任归因，而被诱发出悲伤情绪的个体更易将责任归因于其他情境因素而不是组织本身。

Nabi（2007）基于 ATF 和框架理论，将两者进行系统整合，形成连贯的危机事件信息加工模式，并进一步明确指出，框架本身就是由相关事件诱发出来的情绪。组织不道德行为会诱发意见领袖的道德情绪，意见领袖道德情绪作为一种框架又会进一步影响大众对组织的行为和内部特质的认知加工和决策。Nabi 指出，情绪会起到一定的引导作用，个体记忆中的信息、尝试回忆或避免回忆起来的信息以及最终做出的决定，都会受到情绪的引导。同时研究表明，基于特定情绪表达的框架可能会引发受众特定的情绪反应，而这种情绪反过来又会调节框架对公众观点的影响（Lecheler, Schuck and Vreese, 2013）。Nabi（2003）以酒后驾驶为研究对象发现：不同的情绪框架会影响人们的责任归因和相应的社会决策，气愤框架会使人们更倾向于将责任归因于肇事方并做出惩罚性的解决方案；而恐惧框架会使人们更倾向于将责任归因于外部环境并做出对肇事方免责的决定。

组织不道德行为是潜在的风险因素，而由此引发的风险事件的后果的严重程度是影响大众风险感知的重要因素。尽管风险事件本身是客观的，但是风险感知却是主观的，是意义建构的。对于组织不道德行为引发的风险事件，意见领袖会提出自己的认知框架。组织不道德行为引发的风险事件本身并不具有意义功能，意见领袖通过框架对风险事件赋予意义价值。风险事件本身既是客观的，又是复杂的，意见领袖如何对风险事件进行解读和传播，就代表了意见领袖的价值判断和意义建构过程。在信息处理层面，意见领袖选择以怎样的视角切入去呈现事件本身、凸显事件怎样的特质、排除和弱化事件怎样的特征；在认知层面，意见领袖对事件进行问题界定，通过对风险因素、风险事件和风险结果的深入分析，揭示其背后的因果关系，提出自己的价值判断并提供建议；在意义建构层面，意见领袖通过框架对组织不道德行为引发的风险事件进行建构，划定意义范畴并将其置于特定的意义体系之中。意见领袖道德情绪就是潜藏在其话语表达之中，并代表其价值倾向的一种框架。意见领袖自身所具有的认知经历、情感体验、文化和意识形态都可以视为其认知模式的组成部分，并对其框架建构产生重要的影响。

综上，风险即情感，情绪是影响风险感知的一个最为重要的因子。基于 ATF（评价倾向模型），特定的情绪会影响人们的评价倾向。意见领袖道德情绪本身就是一种框架，是对危机事件信息的一种加工模式，会引发受众的特定情绪反应，进而影响受众的归因和评价倾向，影响人们的风险感知。

因此，有如下假设：

[**假设 2**] 意见领袖道德情绪影响大众风险感知。

六、大众风险感知与组织污名

风险感知是风险中人们风险判断和行为决策的基础。风险的社会放大框架包含两个作用机制：信息机制，即风险或风险事件的信息传递过程；社会反应机制，即风险通过风险信号放大站（个体放大站和社会放大站）引发相应的行为反应，进而产生次级影响和"涟漪效应"向外扩散。风险的社会放大框架提供了一个很好的分析框架，集中反映了社会制度和结构如何应对风险及其对社会、管理机构和大众的影响，同时也为我们提供了不同的解释机制，本书关注的焦点是污名化。Frewe 和 Bone（2008）基于风险的社会放大框架解释了大众对转基因食品的风险感知和其污名化的潜在影响。学者通过风险的社会放大框架对美国能源部洛基公寓的污名化过程进行了探讨，发现人们与该核设施有关的报道内容接触得越多，其反应就越消极。曾繁旭等（2015）以社会风险放大理论为基础对核电站事件进行分析，探讨在中国情境下的风险放大过程中信息过程、制度结构和个体反应的三重作用机制，同时揭示了个体层面的大众在接受信息时的愤怒情绪是对核项目污名化的重要影响因素。社会风险放大框架涵盖的丰富作用机制为我们提供了有益的借鉴，但是意见领袖对污名化的作用机制还缺乏深入探讨。一方面，学者大多关注诸如转基因或核应用这类被大众感知的社会风险，而对偶发的风险事件导致的组织污名则很少关注；另一方面，意见领袖对污名的作用及其作用机制并没有得到相应重视。

Ellen 等研究表明，核对象的出现与人们对辐射和核战争的早期经验具有极强的相关性，而这种负面的反应与人们的负面情绪呈直接正相关，间接影响人们的风险认知和污名反应。Ellen 和 Bone（2008）通过对转基因食品的研究表明，转基因产品标注不同的标签（如非转基因产品、转基因产品、增加产量的转基因产品、减少杀虫剂的转基因产品等）会引发消费者不同的风险感知，从而减弱或增强其污名。孙壮珍（2018）以山东"问题疫苗"事件作为研究对象，结果表明尽管微信传播的内容庞杂且传播态度多元化，但基本上都倾向于情绪化的表达，正是在这样的传播特征、疫苗本身的风险特征与个体的偏颇性解读三者共同的作用下，公众对"问题疫苗"事件产生了强烈的风险感知，并在一定程度上造成了疫苗的污名化。而媒体报道是社会风险认知的最强有力的决定因素（Koné and Mullet，1994；Oene and Jan，1995）。Smith 等（2007）选取了纳米比亚地区的 400 名调查对象，对艾滋病毒威胁感受程度与帮助和收养艾滋孤儿的意愿之间的关系进行研究，发现威胁感知与效能（自我和集体）和污名（个人和团体）相关。以上的研究表明，风险感知对污名具有一定的影响。但是已有的与污名相关的研究主要涉及的是核心污名或个体污名，核心污名如核武器、核战争或转基因产品，而个体污名主要是指艾滋病，它们的污名源自自身的本质属性，尽管随着社会的进步和相关知识的累积会有部分程度地改善，但是很难从本质上移除。基于建构主义认识论，传播的关键在于受众对信息的理解，传受双方通过互动实现意义的建构与共享。而受众对信息的理解与涉入程度相关，一方面是结果涉入，另一方面是价值涉入。组织污名的核心是"标签"，顾名思义，是一种有偏差的认知。在社交网络时代，信息不再是制约大众认知的重要因素，而大众主观感知的偏差，才是影响受众对风险事件认知、判断和意义建构的关键，进而引发人为的风险以及后续行为。综上所述，大众风险感知中介意见领袖道德情绪对组织污名影响作用。

因此，有如下假设：

[**假设 3**] 意见领袖道德情绪通过大众风险感知影响组织污名。

第七章

研究一——系列实验研究

从污名主体的视角，意见领袖作为个体风险放大站影响社会大众的认知。基于意见领袖的两大社会功能，一个是"信息分享"，另一个是"观点传播"，我们进一步分析其对组织污名的作用机制，并聚焦于意见领袖的观点传播功能。本研究选取意见领袖道德情绪作为自变量出于以下两点考量：第一，道德情绪与道德判断相关，而组织污名形成就是因为组织的不道德行为违背了利益相关者的预期，这种预期包含对组织的道德判断和价值判断；第二，道德情绪是对情绪更进一步的细粒化分析。

本研究主要验证意见领袖道德情绪对组织污名的影响及其心理作用机制。本研究的设计，一方面，为了探讨意见领袖不同的道德情绪对组织污名的影响；另一方面，为了探讨大众风险感知对于其影响的作用机制。尽管大众风险感知从宏观层面可以通过二手数据进行测量，但是很难界定意见领袖的影响，因此，为了实现研究目的，我们采用情境实验的方法。

本研究基于情境实验研究方法在管理学中的应用特点，通过实验操控，依据以往学者研究并结合真实情境，选取三个不同的管理情境来验证理论模型，分别是腾格里沙漠非法排污事件、高档家具品牌欺诈事件和笔记本电脑爆炸的产品安全事件，这三个不同的事件类型也是中国情境下普遍存在且具有典型意义的企业不道德行为（见图7-1）。

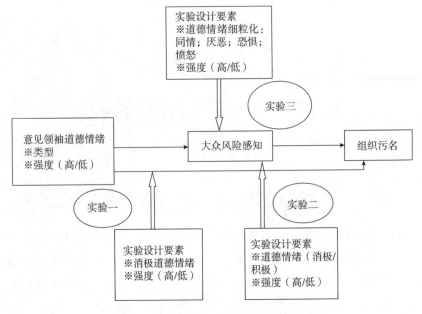

图7-1 研究一设计（包括三个系列实验）

一、情境实验一

（一）研究目的

本实验的主要目的是基于一项情境实验，探讨意见领袖道德情绪对组织污名的影响，重点研究意见领袖道德情绪强度与组织污名的关系，并且还关注一项重要的个体差异因素——卷入度。

（二）研究假设

基于 ATF 理论，不同类型的道德情绪会伴随着不同的刺激，引发不同的评估倾向，并对随后的判断产生特定的影响，从而影响人们的评价主题和认知评价模式。道德情绪是以道德判断为基础的，代表着个体的价值取向。意见领袖道德情绪是通过设置相应的议程框架体现的，代表着意见领袖对组织行为的价值取向和道德判断。同时，意见领袖作为人群中的特殊存在，通过其自身拥有的社会资本和累积的影响力，对受众产生巨大的影响，从而激发大众对组织事件的归因和社会评价，最终影响人们的决策。

意见领袖的消极道德情绪会引发受众的消极情感体验，促使受众将组织不道德行为归因于组织内部特质而非外部环境压力，进而激发对组织的负面评价。学者研究表明情绪强度会影响情绪的社会分享行为，意见领袖道德情绪越强烈，受众的情感体验也就越强烈，对组织内部特质的判断也就越趋向于负面。因此，有如下假设：

[**假设1**] 意见领袖道德情绪影响组织污名；情绪强度越高则组织污名化程度也越高。

本实验还检验了一个重要的受众个体差异因素——卷入度。根据社会认知理论，人们的社会决策体现的不仅是社会认知的最终结果，还反映了个体的差异性。组织污名的本质是标签，是社会大众对组织属性的意义建构，由于个体文化、价值观和所处情境的差异，对组织属性的认知也不尽相同。依据情绪感染的情绪—唤起机制，个体的卷入度越高，具有类似的知识背景或认知经验，相应的情绪体验就越强烈，就越倾向于对组织做出负面评价。

因此，有如下假设：

[**假设2**] 个体卷入度正向影响组织污名。

（三）实验过程

环境污染是中国民众比较关注的社会问题之一，也是群体事件三大主要驱动主题之一。戚平平等对2006~2013年水体突发性污染事故作不完全统计分析发现，企业非法排污占污染事件的54.84%。因此，以企业排污事件作为实验情境来验证理论框架，既具有典型代表性，又具有广泛社会现实意义。

1. 被试

通过学生会招募内蒙古财经大学本科生共150名。其中，男生67名，占44.67%；女生83名，占55.33%。年龄介于21~25岁，平均年龄22.17岁。每位参与实验的同学都事先了解了实验流程，并声明自愿参加。

2. 实验材料

环境污染事件分为两种类型，一种是工业生产过程中突发的生产事故，如中石油吉林石化公司爆炸事故导致的松花江重大水污染事件；另一种是为了降低生产成本的恶意排放。基于归因理论，对这两种不同的组织行为的责任推断是不同的，对于前者，责任归因相对较小，反之，对于后者，责任归因相对较大。人们对组织行为的责任推断十分重要，因为这是人最为直接的反应，会影响人们的情绪和行为意向。

本实验以腾格里沙漠排污事件的真实材料作为实验情境，事件类型属于企业为了降低成本而进行的恶意排放。本实验的实验材料选自网络视频，通过剪辑，分成两组，一组道德情绪强度相对较高，另一组道德情绪强度则相对较低。通过两种方式对实验进行操控，一是控制视频的时间长度，二是控制视频中画面的刺激程度。本实验通过报道该事件的两种不同的视频影像来区分意见领袖道德情绪的强度。相对刺激较大的影像时间长度为12 秒，标题醒目，为《腾格里沙漠腹地现巨型排污池，散发刺鼻气味》，其表述内容具有强烈的感情色彩，如"天一样大的处理坑""浓烈的近乎让人窒息的刺鼻气味扑面而来""数个足球场大小的长方形排污池并排居于沙漠之中"。同时，影像中的画面比较具有冲击力，如图 7-2 所示。相对刺激较小的影像共计 13 秒，以陈述客观事实为主，标题为《腾格里沙漠污染案一审宣判》，相对客观。整个视频是对事件过程的解说，陈述了事件的起止时间点"2007 年至 2014 年 9 月"，事件主体单位"明圣染化公司"，并指出具体操作方法"石灰中和法处置工业废水"，最终给出法院审理结果"责令停产"。整体以客观事实为依据，进行简要的客观报道，没有添加过多的感情色彩，而且采用的画面也相对克制，如图 7-3 所示。研究表明，意见领袖的影响力会在一定程度上影响传播效果，因此，实验中对意见领袖的影响力进行了控制。前测结果显示，两组视频资料的负面道德情绪强度具有明显的区分度，实验操控成功。

葛涛等（2015）研究发现，意见领袖的职业背景会影响网络舆情传播。同时，李彪（2013）研究发现，意见领袖的影响力也会影响传播效果，尤其是当下意见领袖的影响力正日益被强化，最直观的表现就是粉丝数量的庞大。因此，为了控制意见领袖对实验结果的影响，本研究通过分别弱化意见领袖的背景类型和影响力来实现实验控制。

3. 变量的测量

关于组织污名的测量目前没有公认的量表，本实验根据语义差异法开发条目池测量组织污名。语义差异法（Semantic Differential）是由 Osgood 等人提出，目的是用于评估人们认为的不同概念所具有的心理含义。学者认

（a）消极情绪相对较高组截图1　　　　　　（b）消极情绪相对较高组截图2

图7-2　实验一消极情绪截图（强度较高组）

（a）消极情绪相对较低组截图1　　　　　　（b）消极情绪相对较低组截图2

图7-3　实验一消极情绪截图（强度较低组）

为语义差异法在对某些概念或目标人群的直接测量方面具有良好的信效度。在本实验中，语义差异量表的项目主要从两方面获取。一方面，通过对相关文献的梳理；另一方面，通过访谈和自由联想问卷收集。首先，进行访谈，请访谈对象对不同类型的组织不道德行为从认知、情感和行为三个方面进行评价。组织污名是来自社会大众的一种评价，因此，我们随机抽取访谈对象，尽可能地涵盖更广的范畴。其次，以访谈为基础，通过自由联想调查问卷进行条目的收集，提示语要求每位被试至少提供10个词语，对组织不道德行为分别从认知评价、情绪反应和行为倾向三个方面进行评价，并要求每组词语不少于 3 个。再次，对相关研究资料、访谈记录和问卷调查的资料进行整理、分类和归纳，对语义或内涵相似的词进行整合，进而筛选出频率在 5 次以上的相关词语。基于态度三成分理论对以上词语分别从认知评价、情感体验和行为倾向三个方面进行分类后，共收集到 22 个词语，分别与其反义词进行配对。最后，邀请中央财经大学商学院及北京师范大学心理系的博士分别对每对词语进行判断和评价，最终选择 15 对反义词语，构成组织污名测量的语义差异的初始条目。采用 7 点计分法，其中"1"表示非常同意左边的词，"7"表示非常同意右边的词，为了达到测试目的，在实验过程中对测量条目设置了随机反向项目。

最终选定的 15 组语义词，其中认知评价方面包括 6 组，分别是大公无私—唯利是图；社会责任缺失—尽职尽责；道德—不道德；欺诈—诚信；诚实—虚伪；冷漠—热情。情绪体验方面共包括 5 组，分别是失望—满足；快乐—愤怒；喜欢—厌恶；反感—好感；热爱—痛恨。行为反应方面包括 4 组，分别是信任—质疑；排斥—吸引；接受—拒绝；支持—抵制。

风险感知来自成熟量表（Stone and Grønhaug, 1993; Li-Wei Mai and Mitchell Ness, 1997），本实验根据实验情境修改了三项内容："总的来说，如果我购买该产品，我认为我可能会遭到损失""总的来说，该产品（事件）将被证实对环境、我自己和我的亲朋好友是有害的""总的来说，该产品（事件）对环境、我自己和我的亲朋好友们都会有相当大的风险"。本实验中测量风险感知的方法是被试通过滑动浮标来指示自己的风险感知，范围从 0 到 100，以 10 为区隔单位。

个体的卷入度来自成熟量表，依据本实验中特定的环境污染情境，提示语设定为"您是否关注生产过程中的污染情况"，共计五项内容，分别是："完全不投入—完全投入""毫无兴趣—非常有兴趣""不是特别积极—非常积极""没有特别专注—非常专注""不是很在意—非常在意"。量表采用 7 点计分法，"1"代表非常同意左边选框中的概念，"7"代表非常同意右边选框中的概念。

由于组织污名并没有公认的测量量表，根据语义差异法开发的语义词与具体的污名情境相联系，因此需要通过验证性因子分析进行信效度检验。

运用 EQS6.1 对这三个潜变量进行验证性因子分析，一阶验证性因子分析结果显示：$\chi^2 = 489.078$，df = 129，$\chi^2/df = 3.7913$；CFI = 0.947，IFI = 0.947，均大于 0.9；RMR = 0.065<0.08，适配性良好；其中对风险感知因子

的标准载荷系数最小为 0.435，其余两项分别为 0.744 和 0.752，对于组织污名的三个不同的因子，标准载荷系数最小为 0.686，最大为 0.909。接下来进行二阶验证性因子分析，分析结果如下：$X^2 = 488.448$，$df = 131$，$X^2/df = 3.7286$；$CFI = 0.947$，$IFI = 0.947$，均大于 0.9；$RMR = 0.0117 < 0.05$，适配性非常好；标准载荷系数最小为 0.686，最大为 0.982。风险感知标准载荷系数最小值接近 0.5，其余标准载荷系数均大于 0.5，以上指标均在可接受范围内，说明对大众风险感知与组织污名的测量的信效度较好，拟合度较优。

4. 实验设计

本实验的目的是考察意见领袖的道德情绪对组织污名的影响。意见领袖道德情绪主要涉及两个因素，一个是道德情绪的类型，另一个是道德情绪的强度。本实验选取腾格里沙漠非法排污事件作为实验材料，该事件严重违反了社会大众对组织的基本社会责任预期，因此该事件的道德判断是倾向于消极，本实验没有对道德情绪进行细粒化操控，将其简单归结为消极道德情绪。基于实验的操控，两种道德情绪在强度上存在着差别。本实验的主要目的包括：第一，探讨意见领袖道德情绪强度（高或低）对组织污名的影响作用；第二，关注个体差异因素——卷入度对组织污名的影响。

5. 实验程序

将每组被试集中在一个电子教室中，每人分配一个机位，要求被试根据投影屏幕上提供的网址访问问卷星界面。准备就绪后，在投影屏幕上放映相应的短视频，指导语告知被试"观看以上视频，并根据回忆快速写出最令人深刻的三或五个词，注：道德情绪强度相对较低组三个，道德情绪强度相对较高组五个"。这一操作的主要目的是通过对关键词的回忆强化被试的认知。接下来被试根据自己的快速判断完成后面的题目，第一部分是关于组织污名的测量，第二部分是关于个体卷入度的测量。最后，填写被试相关信息。

6. 实验结果

本实验是一个二因素组间设计：2×2，意见领袖道德情绪强度有高、低两种水平，个体卷入度有高、低两种水平。

对于对照组，仅陈述组织不道德行为本身并不附加任何情绪词，实验材料"某企业向腾格里沙漠排放生产污染物"，两个实验组，通过操控，意见领袖道德强度分别为高和低，前测结果表明操控有效，每组 50 名有效被试对组织污名进行判断。根据实验设计，描述性统计和方差分析结果如表7-1所示。

表7-1　实验—被试描述性统计和方差分析

因变量	道德情绪	M	SD	N
组织污名	高	5.7787	1.1793	50
	低	5.2213	1.1807	50
	对照组	4.7568	1.5030	50
	卷入度	4.3900	1.1215	150

检验意见领袖道德情绪对组织污名的影响作用。用单因素方差分析对意见领袖道德情绪对组织污名的影响作用进行判别。本书的效应值（Effect Size，ES）采用的是关联强度型指标，适用于组间设计的均值差异显著性检验或单因素两水平方差 $r = \sqrt{F/(F + df_{within})} = \sqrt{\sqrt{t^2/(t^2 + df_{within})}}$。关于 ES 的评价标准也不尽统一，目前常用的比较严格的认为，0.2 为小，0.5 为中，0.8 为大。分析结果显示：组织污名在各组间存在显著性差异。进一步用 Scheffe 法进行事后比较分析发现，与对照组仅陈述组织本身的不道德行为相比，实验组的意见领袖道德情绪组的组织污名都较高，见表7-2，因此，企业社会责任行为对组织污名管理有着显著的正向效用，假设1得到验证。

表7-2　实验一意见领袖道德情绪对组织污名的作用结果

因变量	对照组（I）	实验组（J）	$M_J - M_I$	F	p	ES
组织污名	组织不道德行为 n=50 M=4.7568	意见领袖道德情绪低 n=50, M=5.2213	-0.4646	2.954	0.075	0.592
		意见领袖道德情绪高 n=50, M=5.7787	-1.0219	14.306	0.000	0.305

作为一项重要的个体差异因素，卷入度对组织污名具有一定的影响，所以将卷入度作为协变量。第一，协方差分析前必须进行交互作用的检验，检验结果显示，交互作用并不显著，F=0.278，p=0.600，满足协变量平行性假设。第二，进行方差齐性检验，结果显示，F=0.315，p=

0.714，满足协变量方差齐性检验。第三，检验卷入度与组织污名之间的关系，结果显示，F=5.130，p=0.054，满足协变量卷入度与因变量组织污名的线性关系检验。第四，检验意见领袖道德情绪强度高与低对组织污名的作用存在着差异，结果显示，F=4.974，p=0.028。意见领袖道德情绪强度对组织污名的影响具有统计学意义。第五，给出协方差模型参数估计结果，如下：

$$\hat{Y}=4.866+0.2048\times emotion-0.521 \tag{7-1}$$

$$\hat{Y}=4.866+0.2048\times emotion \tag{7-2}$$

意见领袖道德情绪相对较低一组的组织污名 95% 置信区间为：(5.1725，5.6561)，意见领袖道德情绪相对较高一组的组织污名 95% 置信区间为 (5.8080，6.2900)；意见领袖道德情绪强度对组织污名的影响作用显著，F=4.974，p=0.028。因此，意见领袖道德情绪正向影响组织污名，即情绪强度越高则组织污名化程度越高。

本实验的一个主要目的是验证意见领袖道德情绪对组织污名的影响，其中重点关注的是情绪强度的影响，另一个主要目的是探讨个体因素差异卷入度对组织污名的影响，通过分析发现，两个假设全部得到了验证，意见领袖消极道德情绪强度正向影响组织污名，而个体差异因素卷入度也正向影响组织污名。由此可见，意见领袖的消极情绪强度越大，受众的消极情感体验越强，就越倾向于对组织做出负面评价，基于此，对于这种负面事件，受众的卷入程度越高，就越能激发个体的负面情感体验，进而越倾向于对组织做出负面评价。

二、情境实验二

（一）研究目的

本实验的主要目的是进一步探讨大众风险感知在意见领袖道德情绪对组织污名影响中的中介效应。学者已有的研究并未对于组织污名形成的社会心理机制进行深入阐释，一般解释为组织的不道德行为违反了社会大众的预期，因而对其做出相应的价值和道德判断。组织不道德行为引发的风险事件一般是突发的，因此人们的即时反应就是寻求专业性见解，通过意见领袖传递的信息和观点来了解事件的进展。实验一表明意见领袖道德情绪会影响组织污名，本实验是在实验一基础上进一步深入，目的是探讨意见领袖道德情绪对组织污名影响的社会心理机制，即大众风险感知的中介效用。已有研究表明积极的情绪会使个体对目标的判断更倾向于肯定，而消极情绪则使个体对目标的判断更倾向于否定，基于不同的情绪状态对个体社会判断和决策的重要影响，在实验一的基础上对意见领袖道德情绪进行区分。

（二）研究假设

意见领袖承载的情绪信息不同，不同唤醒水平的情绪状态对目标群体的社会判断产生的影响也不尽相同。情绪对社会判断的影响还与个体认知需求有关，组织自身的离散、异常和零星事件由于违反了社会大众的普遍预期，通常会引起人们的关注，因此就产生了一定的认知需求，而这类事件通常伴随着信息内容和观点的缺失，意见领袖的作用就愈发重要。意见领袖通过承载不同道德情绪的议程框架，影响人们对信息的加工方式，进而间接影响人们的社会判断。低唤醒状态的情绪会引发人们更多的信息分析，而高唤醒状态的情绪会减少人们的认知复杂性。当人们面对风险事件时越依赖信息分析，对于风险的感知就会越客观；反之，信息加工过程越简化就越依靠情感判断，通常越会放大风险感知。通常处于积极情绪状态的个体会对社会事件持肯定态度，而处于消极情绪状态的个体会对社会事件持否定态度。对于积极情绪，情绪强度越高时，个体的风险感知越小，就越倾向于对社会事件持肯定态度，因此，对组织的负面评价就越少；反之，积极情绪强度越低时，对组织的负面评价就越多。而对于消极情绪，尤其是一些高唤醒情绪，强度越大，越会减少人们认知的复杂性，越会放大风险感知，而对组织的评价也就越趋向于负面；反之，亦然。

因此，有如下假设：

[假设 1] 意见领袖积极道德情绪负向影响组织污名，即积极道德情绪强度越高则组织污名化程度越低；消极道德情绪正向影响组织污名，即消极道德情绪强度越高则组织污名化程度越高。

[假设 2] 意见领袖积极道德情绪负向影响大众风险感知，即积极道德情绪强度越高则大众风险感知越小；消极道德情绪正向影响大众风险感知，即消极道德情绪强度越高则大众风险感知越大。

[**假设 3**] 意见领袖道德情绪通过大众风险感知影响组织污名。

(三) 实验过程

1. 被试

本实验中每一组被试均来自同一微信群。自变量是意见领袖道德情绪，意见领袖是非常重要的一个概念界定，之所以选取微信群成员作为被试，是因为微信群本身是一个小社群，而群主通常也扮演着现实中意见领袖的作用，更接近于研究设定情境。微信是目前国内最为广泛和普及的一种即时通信工具，是以人际传播为主的一种"窄化"定向传播，是一个以强关系为主、弱关系为辅的社交平台。由好友形成的微信群是线下关系的一种线上延续，通常都具有很强的情感黏合，群主通常来自现实生活中的意见领袖，因此在社会生活的各个方面都会受到群体成员的认可和支持。通过群主发放实验材料出于两方面的考量，一方面，群主的特殊地位和功能会强化群体成员对观点的接受；另一方面，会更有利于实验数据的回收。本实验中对于微信群的选取需要注意以下事项：第一，微信群的性质要趋于一致，本实验中选取的微信群均来自工作群，且来自同一行业，即 IT 行业。一方面，IT 从业人员个体差异趋于一致，另一方面，IT 从业人员一般会以项目组的形式完成工作，要求各个成员有很好的分工协作，而且大部分工作会通过线上沟通完成。第二，微信群主的影响力要趋于一致，与媒体类或名人类意见领袖不同，微信群中的意见领袖通常与群成员有良好人际互动，会在人际传播中拥有更强的影响力。因此，本实验中选取的微信群主的背景趋于一致，都是公司中具有相当权威和能力的领导。各组分别收集问卷 56 份、56 份、56 份、58 份，剔除不符合规范的问卷，例如答题时间少于 120 秒，前后逻辑明显不一致，没有注意到设置的反向选项，还有全部选 1、7 或 4 等，每组有效问卷 50 份，共 200 份，问卷有效率为 88.50%。关于被试的描述性统计如表 7-3 所示。

表 7-3　实验二被试的描述性统计

	分类指标	人数（人）	比率（%）
性别	男	121	60.5
	女	79	39.5

	分类指标	人数（人）	比率（%）
年龄	17~25 岁	7	3.5
	26~35 岁	108	54.0
	36~45 岁	66	33.0
	45 岁以上	19	9.5
受教育程度	大专及以下	23	11.5
	大学本科	147	73.5
	硕士及以上	30	15.0

2. 实验材料

本实验材料来自某高档家具品牌欺诈事件。品牌欺诈行为非常普遍，很多企业为了获利以次充好，以不知名品牌假冒知名品牌，甚至假冒洋品牌，侵犯消费者权益，最终导致企业声誉受损甚至破产。

实验材料的操控主要关注两个方面。一是意见领袖背景的设定，四个实验组均设定统一的意见领袖，即《消费者报道》；二是统一的信息发布平台，即"7月10日10：04来自微博weibo.com"。已有研究表明意见领袖背景类型会影响其传播效果，因此本实验选取的意见领袖《消费者报道》在媒体类大V中属于专业型的意见领袖，既没有党媒的权威性，也不会毫无影响力，影响力水平中等。

本实验主要目的是研究意见领袖两种不同的道德情绪（积极/消极）和不同的情绪强度（高/低）对组织污名的影响及大众风险感知的中介效用。因此，对实验材料操控要重点关注道德情绪的倾向性和强度。

道德情绪的倾向性（积极/消极）是通过情绪词操控的，而情绪强度（高/低）则是通过情绪词的频数来操控的。本实验材料根据真实材料改编，情绪词全部来自已开发的情绪词语料库。标点符号如"！""？""？！""……"等，强调词语如"甚至""尤其""一定"等；转折词如"但是""但""但却""却""反而"等，它们单独或组合在一起都会对情绪强度产生一定的影响。因此，要特别注意对强调词语、标点符号和转折词的操控，要注意它们对情绪强度的影响。

根据ATF理论，将情绪分为整体情绪（integral emotion）和偶发情绪（incidental emotion），这是十分必要的，原因如下：第一，偶发情绪更易于在实验中被操控；第二，从判断和社会决策的规范性角度，偶发情绪对其的影响是显而易见的，但是决策个体却往往不自知。简言之，ATF 专注于解释这种偶然影响，帮助决策者做出因果推断并减少不必要的影响。情绪对个体的知觉、判断和行为有很大的影响，但是情绪的复杂性也是心理学实验中的一个难题，因此，基于理论基础和实验操控需要，意见领袖道德情绪特指偶发情绪。

关于实验材料中标题的设计。标题要求语言凝练，主题鲜明，因此标题的设定是非常重要的。在本实验中，标题是区分意见领袖道德情绪（积极/消极）的一种操控，积极道德情绪的标题选取比较中性的陈述性语言——《家具身份被指造假》；而消极道德情绪的标题选取基于价值判断的情绪词，对于消极道德情绪强度相对较低的实验材料，标题设定为《家具"洋品牌"身份被指造假》，特意指出家具的"洋品牌"，并运用双引号进一步强化情绪指向；对消极道德情绪强度相对较高的实验材料，标题设定为《天价家具"洋品牌"身份被指造假》，在前面的基础之上进一步限定了家具的特殊属性"天价"。

关于实验材料中正文内容的设计，如表 7-4 所示。

表 7-4　实验二材料正文内容的设计

情绪类型	标题	正文内容
积极（低）	《家具身份被指造假》	据报道某高端家具品牌被指身份造假。上海市工商局介入调查并发布公告，初步发现并认定该公司主要有三大问题：一是涉嫌虚假宣传，宣传时使用了诸如最大、顶级品牌、最高等绝对用语。二是部分家具产品被判定不合格。三是大部分家具产品标志不规范，没有标明出产地和材质，按照国家相关规定，应该标明具体使用什么材质。最后该厂家向消费者承诺将承担换货或退货的法律责任，并接受中国政府相关部门依法作出的行政处罚
积极（高）	《家具身份被指造假》	据报道某高端家具品牌被指身份造假。该公司已声称开展内部清查整顿工作，并表示正在积极配合有关部门核实情况，媒体对公司的质疑主要集中在某些产品产地标注问题、质量问题以及不规范宣传问题。最后该厂家表示将依照相关法律法规承担责任，绝不推卸，并向消费者承诺将承担换货或退货的法律责任，并接受中国政府相关部门依法作出的行政处罚

续表

情绪类型	标题	正文内容
消极（低）	《家具"洋品牌"身份被指造假》	据报道某高端家具品牌被指身份造假。销售人员称他们所售家具是100%意大利生产的"国际超级品牌"，使用的原料是没有污染的"天然的高品质原料"。然而，经记者调查发现，这些天价家具有相当一部分不是产自意大利而是广东东莞，所用原料不是名贵实木而是高分子树脂材料。经过检测，消费者购买的家具甚至被检测判定为不合格产品。该事件曝光后，引起消费者的强烈不满，因为它不但伤害了消费者的权益，同时也摧毁了消费者对商业诚信的信任。最后该厂家迫于压力向消费者承诺将承担换货或退货的法律责任，并接受中国政府相关部门依法作出的行政处罚
消极（高）	《天价家具"洋品牌"身份被指造假》	据报道以价格昂贵著称的某高端家具品牌被指身份造假。销售人员称他们所售家具是100%意大利生产的"国际超级品牌"，使用的原料是没有污染的"天然的高品质原料"。然而，经记者调查发现，这些天价家具有相当一部分不是产自意大利而是广东东莞，所用原料不是名贵实木而是高分子树脂材料。经过检测，消费者购买的家具甚至还被检测判定为不合格产品。该家具假冒"洋品牌"和欺骗消费者的行为，性质极其恶劣，不仅使公司失去信誉，更失去了消费者的信赖，这种造假行为令人发指！最后该厂家迫于压力向消费者承诺将承担换货或退货的法律责任，并接受中国政府相关部门依法作出的行政处罚

3. 变量的测量

本实验同样采用语义差异法对组织污名进行测量。运用EQS6.1对这三个潜变量进行验证性因子分析，一阶验证性因子分析结果显示：$\chi^2 = 489.078$，$df = 129$，$\chi^2/df = 3.7913$；$CFI = 0.947$，$IFI = 0.947$，均大于0.9；$RMR = 0.043 < 0.05$，适配性良好；其中对风险感知因子的标准载荷系数最小为0.564，其余两项分别为0.604和0.720，对于组织污名的三个不同的因子，标准载荷系数最小为0.675，最大为0.956。接下来进行二阶验证性因子分析，分析结果如下：$\chi^2 = 181.680$，$df = 131$，$\chi^2/df = 1.3869$；$CFI = 0.992$，$IFI = 0.992$，均大于0.9；$RMR = 0.042 < 0.05$，适配性非常好；标准载荷系数最小为0.675，最大为0.956。以上指标均在可接受范围内，说明对大众风险感知与组织污名的测量的信效度较好，拟合度较优。

4. 实验设计

本实验的目的是考察大众风险感知在意见领袖的道德情绪对组织污名影响的中介作用。意见领袖道德情绪主要涉及两个因素，一个是道德情绪的类型，另一个是道德情绪的强度。本实验将"某高档家具品牌造假"事件作为实验材料，将道德情绪简单区分为积极、消极两种水平，意见领袖道德情绪强度有高、低两种水平。因此，本实验是二因素组间设计，2×2，被试共分为四组。

5. 实验程序

第一，要求群主在群内公开说明这是一个关于科研的问卷，不涉及个人隐私，并为每位被试发放红包作为报酬。第二，在微信群中发送问卷星的二维码，要求每位被试按提示要求认真完成问卷内容。指导语提示被试"请您认真阅读以上内容，并根据回忆快速写出最令人深刻的三或五个词，注：道德情绪强度相对较低组三个，道德情绪相对较高组五个"。这一操作的主要目的是通过对关键词的回忆强化被试的认知。接下来被试根据自己的快速判断完成后面的题目，第一部分是针对大众的风险感知的测量，第二部分是针对组织污名的测量，最后一部分是被试的个人相关信息。

6. 实验结果

对大众风险感知进行方差分析，结果显示不同意见领袖道德情绪（积极/消极）存在显著差异 $[M_p = 78.63, M_n = 86.61, F(1, 199) = 12.162, p = 0.001]$。接下来对意见领袖积极道德情绪两个实验组进行大众风险分析，结果显示差异并不显著 $[M_{低} = 81.93, M_{高} = 75.33, F(1, 99) = 3.398, p = 0.068 > 0.005]$；对于意见领袖消极道德情绪的两个实验组进行大众风险感知分析，结果显示差异显著 $[M_{低} = 82.40, M_{高} = 90.813, F(1, 99) = 9.918, p = 0.002]$。

对组织污名进行方差分析，结果显示不同意见领袖道德情绪（积极/消极）存在显著差异 $[F(1, 199) = 12.471, p = 0.001]$；接下来对意见领袖积极道德情绪两个实验组组织污名进行分析，结果显示差异显著 $[F(1, 99) = 10.089, p = 0.002]$；对意见领袖消极道德情绪的两个实验组进行组织污名分析，结果显示差异显著 $[F(1, 99) = 10.204, p = 0.002]$。

以意见领袖道德情绪（积极/消极）作为自变量，对因变量组织污名进行回归分析，结果如下：$b = 0.243$；$T = 3.531$，$p = 0.001$。对大众风险感知进行回归分析，结果如下：$b = 0.241$；$T = 3.487$，$p = 0.001$。对积极情绪组

（高/低）进行回归分析，对组织污名结果如下：b=-0.306；T=-3.172，p=0.002。对大众风险感知的结果如下：$F(1,99)=12.162$，p=0.001，b=-0.183；T=-1.843，p=0.068。对消极情绪组（高/低）进行回归分析，对组织污名结果如下：b=-0.307；T=-3.194，p=0.0002。对大众风险感知的结果如下：$F(1,99)=9.918$，p=0.002；b=-0.303；T=3.149，p=0.002。

对以上检验结果进行分析，意见领袖道德情绪对组织污名具有显著的正向效应（0.243，p=0.001）。其中，积极情绪对组织污名具有显著的负向效应（-0.306，p=0.002），消极情绪对组织污名具有显著的正向效应（0.243，p=0.001）。因此，假设1得到了验证，即意见领袖道德情绪影响组织污名，其中，积极情绪负向影响组织污名，消极情绪正向影响组织污名。

意见领袖道德情绪对大众风险感知具有显著的正向效应（0.241，p=0.001）。其中积极道德情绪对大众风险感知具有显著的负向效应（-0.183，p=0.068），消极道德情绪对大众风险感知具有显著的正向效应（0.303，p=0.002）。因此，假设2得到了验证。换句话说，积极道德情绪会降低大众对组织的负面评价，而消极道德情绪则会强化对组织的负面评价。这也说明意见领袖道德情绪解释了其个体风险放大站的作用机制，对于风险的社会放大框架而言，"放大"是指真实的客观风险与感知风险之间的偏差，以上分析结果表明，意见领袖积极道德情绪会弱化大众风险感知，而消极道德情绪会强化大众风险感知，并与情绪强度呈同向变化。但是需要特别指出的是对于积极道德情绪，情绪的强度对大众风险感知的影响并不显著。

由于本实验的主要目的是检验大众风险感知在意见领袖道德情绪对组织污名影响的中介作用，因此，本实验是一个自变量是类别变量的中介效应检验，自变量共划分为意见领袖积极道德情绪相对较低、意见领袖积极道德情绪相对较高、意见领袖消极道德情绪相对较低、意见领袖消极道德情绪相对较高4个水平，因此需要设置3个虚拟变量（D_1，D_2，D_3）。中介变量为大众风险感知，因变量为组织污名，即意见领袖道德情绪影响大众风险感知，其中，积极道德情绪负向影响大众风险感知，消极道德情绪正向影响大众风险感知。换句话说，积极道德情绪会降低大众风险感知，而消极道德情绪则会强化大众风险感知。

回归分析如下：

$$Y=i_1+c_1D_1+c_2D_2+c_3D_3+\varepsilon_1 \qquad (7-3)$$

$$M = i_2 + a_1 D_1 + a_2 D_2 + a_3 D_3 + \varepsilon_2 \tag{7-4}$$

$$Y = i_3 + c_1' D_1 + c_2' D_2 + c_3' D_3 + \varepsilon_3 \tag{7-5}$$

根据方杰等（2017）研究结论，对多类别自变量的中介分析流程如下：

整体中介分析的结果是，整体总效应检验 $F_{(3, 196)} = 11.301$，$p = 0.000 < 0.001$，表明 3 个相对总效应不全为 0；整体直接效应检验 $F_{(3, 195)} = 19.591$，$p = 0.000 < 0.001$，表明 3 个相对直接效应不全为 0。整体中介效应检验的 95% 的 Bootstrap 置信区间为 [0.0492，0.662]，不包括 0，表明 3 个相对中介效应不全为 0，因此有必要做进一步的相对中介分析，相对中介分析结果如表 7-5 所示。

表 7-5　实验二相对中介效应分析结果表

道德情绪	Bootstrap	a	b	ab	c'	c	ab/c
积极情绪 （低）	[0.0105，0.3382]	0.5459	0.0191	0.1261	0.5459 (0.0090)	0.3060 (0.0020)	41.2092%
消极情绪 （低）	[0.0123，0.1995]	0.1886	0.0255	0.0901	0.1886 (0.0730)	0.2460 (0.0140)	36.6260%
消极情绪 （高）	[0.0123，0.1995]	0.2814	0.0207	0.1066	0.2814 (0.0000)	0.5250 (0.0000)	20.3048%

注：Bootstrop 为 95% 的 Bootstrap 置信区间；ab 为相对中介效应；c' 为相对直接效应；c 为相对总效应；ab/c 为相对中介效应的效果量。

相对中介分析的结果如下：以意见领袖积极道德情绪相对较高为参照水平，根据理论模型意见领袖积极道德情绪越高，则对组织不道德行为的评价越趋向积极。意见领袖积极道德情绪相对较低的相对中介 95% 的 Bootstrap 置信区间为 [0.0105，0.3382]，不包括 0，表明相对中介效应显著（$a_1 = 0.5459$，$b_1 = 0.0191$，$a_1 b_1 = 0.1261$），即意见领袖积极道德情绪相对较低的大众风险感知要比对照组高 0.5459（$a_1 = 0.5459$），所以意见领袖积极道德情绪相对较低的组织污名相应的比对照组高（$b_1 = 0.0191$）。

以意见领袖积极道德情绪相对较高为参照水平，意见领袖消极道德情绪相对较低的相对中介 95% 的 Bootstrap 置信区间为 [0.0123，0.1995]，不包括 0，表明相对中介效应显著（$a_2 = 0.1886$，$b_2 = 0.0255$，$a_2 b_2 = 0.0901$），即意见领袖消极道德情绪相对较低的大众风险感知要比对照组高 0.1886（$a_2 = 0.1886$），所以意见领袖消极道德情绪相对较低的组织污名会比对照组高

（$b_2 = 0.0255$）。相对直接效应显著（$c'_2 = 0.1886$，$p = 0.0730$），表明排除中介作用后，意见领袖积极道德情绪比相对较低的组织污名高 0.1886；相对总效应显著（$c_2 = 0.2460$，$p = 0.0140$），相对中介效应的效果量为 36.6260%（0.0901/0.2460）。

以意见领袖积极道德情绪相对较高为参照水平，意见领袖消极道德情绪相对较高的相对中介 95% 的 Bootstrap 置信区间为 [0.0123，0.1995]，不包括 0，表明相对中介效应显著，（$a_3 = 0.2814$，$b_3 = 0.0207$，$a_3b_3 = 0.1066$），即意见领袖消极道德情绪相对较高的大众风险感知要比对照组高 0.2814（$a_3 = 0.2814$），所以意见领袖消极道德情绪相对较高的组织污名会比对照组高（$b_3 = 0.0207$）。相对直接效应显著（$c'_3 = 0.2814$，$p = 0.0000$），表明排除中介作用后，意见领袖消极道德情绪相对较高的组织污名比对照组高 0.2814；相对总效应显著（$c_3 = 0.5250$，$p = 0.0000$），相对中介效应的效果量为 20.3048%（0.1066/0.5250）。

基于以上分析结果，假设 3 得到了验证，即意见领袖道德情绪通过大众风险感知影响组织污名。

三、情境实验三

（一）研究目的

道德情绪是一种复杂情绪，与道德判断相关。实验二已经对意见领袖的积极道德情绪与消极道德情绪进行了讨论，本实验将在实验二的基础上对意见领袖道德情绪做进一步的细粒化处理，选取几种具有代表意义的道德情绪（同情、厌恶、恐惧、愤怒）进行验证。

（二）研究假设

对于组织不道德行为引发的危机事件，意见领袖基于道德判断的情绪表达进行观点传播，会诱发社会大众不同的情绪状态。据此，本实验选择最为普遍和具有代表意义的四种道德情绪。Coombs 和 Holladay 在情境危机沟通理论（the Situational Crisis Communication Theory，SCCT）中区分出了三种在危机管理中非常重要的情绪：同情、气愤和幸灾乐祸（从组织的痛苦中获得快乐）。道德情绪是道德判断诱发的情绪表达。学者一致认为厌恶情绪会对道德判断产生一定的影响（Chapman and Anderson，2013）。恐惧是人类应对环境威胁的直接本能反应，而愤怒是风险冲突的重要来源。基于以上学者的研究，本实验选择同情、厌恶、恐惧、愤怒来进行道德情绪的细粒化分析。

道德情绪是基于对人类道德基础的违反而产生的（Schnall et al.，2008）。早期的道德判断一直是理性主义模型（rationalist model）占主导地位，近年来，情绪在道德判断中的作用得到了越来越多学者的关注（谢熹瑶、罗跃嘉，2009；Huebner, Dwyer and Hauser，2009）。情绪与理性是道德判断中难以分离的两个过程，它们共同作用于道德判断。学者进一步研究指出，情绪不仅参与了道德判断的全部过程，而且还是道德判断不可或缺的重要组成部分。以往的研究表明，每一种情绪都会对特定的某一种道德判断产生影响，最具代表性的就是 CAD 情绪理论①。道德情绪判断（moral emotion judgment）又称道德情绪预期（moral emotion expectancy），是指个体对与道德有关的情境或事件做出的情绪判断或预期（刘国雄、方富熹，2003）。社会大众对组织的行为具有一定的道德情绪预期，一旦违背就会根据不同的事件所对应的道德准则和基础诱发不同的道德情绪。道德情绪本身具有动力作用，它还在道德准则和道德行为之间起着重要的调节作用（Tangney、Stuewig and Mashek，2007；REN Jun、GAO XiaoXiao and 任俊，2011）。不同的道德情绪会导致不同的道德行为，如"用脚投票"或对组织实施社会和经济制裁。

同情是对组织相对积极的一种情绪反应。Coombs 和 Holladay（2005）指出，大众对危机事件的责任归因会激发出不同的情绪状态，对组织责任归因越高，人们的消极情绪体验就越强烈，反之，对危机事件的责任归因越低，则越容易激发人们的同情。大众的负面情绪体验越强越不可能对组织做出支持行为。当大众对组织持同情情绪的时候，更易做出对组织的积极评价和支持行为。

恐惧是人类应对威胁的直接本能反应。人类已进入高风险社会，每天

---

① CAD 情绪理论假定轻蔑（Contempt）、愤怒（Anger）、厌恶（Disgust）三种道德情绪，都是由于违背社会性（Community）、自治性准则（Autonomy）、神性准则（Divinity）三种特定道德领域引发的。

必须要面对风险已成为常态。如今恐惧已成为一种流行的话语框架，无论是媒体还是社会文化都喜欢以恐惧为诉求传递信息和观点。学者 Altheide 在对恐惧的社会文化意义的诠释中做出这样的解释，恐惧已成为当下人们对社会现实以及与环境的交互行为的最为依赖的解释框架。恐惧是人类面对风险时最为本能的反应，所以诱导恐惧情绪的信息会引发人们更高的关注度。因此，意见领袖的恐惧情绪更易被受众捕捉，激发人们相应的恐惧情绪。从框架理论出发，这种基于恐惧情绪的风险议程框架会达到更好的传播效果，一方面会显著放大人们的风险感知，另一方面会影响公众对风险重要性的主观评估。

根据 CAD 道德情绪理论（Rozin et al.，1999），愤怒情绪对应自治性准则（autonomy），一旦违反"关心/伤害"和"公平/互惠"原则就会诱发愤怒情绪。愤怒是风险冲突的重要来源。Sandman 将愤怒作为风险的重要构成因素。Roy Wadia 则强调，公众（和媒体）对风险的反应主要是风险对其造成的不满程度（如操纵、恐惧和信任等）的反映，与风险本身的危害程度可能没有太大关联。不满情绪主要是因为公众的期望没有被实现。

厌恶情绪对应神性准则（divinity），一旦违背其"纯粹/神圣"的道德基础就会诱发厌恶情绪。厌恶和其他道德情绪一样，是在人类漫长的进化过程中后天习得的，厌恶情绪是为了保护人类对外界的潜在威胁的防御。厌恶最初是与饮食等卫生领域相关，现在逐渐进入社会生活的道德领域，影响人们的道德判断（Rozin，Haidt and McCauley，2009）。学者一致认为厌恶情绪会对道德判断产生一定的影响（Chapman and Anderson，2013）。研究表明，厌恶情绪会让人对违反道德的行为判断更严格。Wheatley 和 Haidt（2005）通过词语刺激使被试产生厌恶情绪，然后再让被试完成带有这个词语的道德判断，结果发现道德判断变得更为严格。Clore 和 Jordan（2008）在实验过程中通过味觉和实验环境刺激，还有观看影片等方式，诱发被试的厌恶情绪，然后完成道德判断，结果发现被试组的道德判断会比控制组的更加严苛。Inbar 等（2012）通过让被试闻臭味激发他们的厌恶情绪，发现厌恶情绪对被试的政治态度产生影响。进一步研究发现，厌恶情绪还会影响人们的群体态度（Navarrette and Fessler，2006；Taylor，2007）。厌恶情绪最初是与病毒和疾病等令人不愉悦的事物相联系的，学者发现道德上的越轨行为确实会激发厌恶情绪，比如违反了纯洁性规范和社会规范的行为，甚至口头上或视觉上的不道德行为，即使并没有启动身体上的厌恶刺激，也都会引发厌恶情绪。事实上，道德上的越轨或违法行为会诱发厌恶情绪，这表明道德认知是一种原始的拒绝反应。

因此，有如下假设：

[假设1] 意见领袖的积极道德情绪同情负向影响组织污名；意见领袖的消极道德情绪厌恶、恐惧和愤怒则正向影响组织污名。

[假设2] 意见领袖的同情情绪负向影响大众风险感知；意见领袖的消极道德情绪厌恶、恐惧和愤怒则正向影响大众风险感知。

[假设3] 意见领袖道德情绪通过大众风险感知影响组织污名。

（三）研究过程

1. 被试

本实验中的被试是来自三所大学的 MBA 学员，分别是中央财经大学、内蒙古财经大学和内蒙古工业大学。选取 MBA 学员作为被试的原因如下：一方面，MBA 学员具有一定的工作和生活经验，比较适宜组织污名这一研究问题；另一方面，MBA 学员作为被试在管理情境实验中比较普遍。

关于被试的描述性统计如表7-6所示：

表7-6 实验三被试描述性统计

	分类指标	人数（人）	比率（%）
性别	男	202	50.5
	女	198	49.5
年龄	17~25 岁	70	17.5
	26~35 岁	238	59.5
	36~45 岁	86	21.5
	45 岁以上	6	1.5
组织性质	机关单位	45	11.3
	事业单位	62	15.5
	企业	201	50.2
	其他	92	23.0

2. 实验材料

本实验选取产品安全事件作为实验材料。第一，产品安全事件具有典型的代表意义，因为此类事件经常发生且易引发大众的强烈关注，如三鹿三聚氰胺事件、双汇"瘦肉精"事件和丰田"召回门"等；第二，产品安全事件对组织的影响非常严重且深远，如影响公司股价、组织形象、消费者忠诚和购买行为等（Wang、Chao and Wu，2008；Pons and Souiden，2009）。

Laufer 等（2009）的研究证实，消费者对品牌形象的感知会影响其对危机事件的责任归因，并对企业产生一定的保护效果，因此为了排除个人消费经历和广告信息的影响，我们将背景企业产品品牌命名为"某品牌"。为了控制企业声誉对被试的影响，背景资料中并没有对该企业进行深入介绍，简单设定为"厂家"和"公司"。

本实验中的背景材料根据真实案例进行改编，来自某知名品牌笔记本爆炸事件。本实验中，八组被试均采用统一的意见领袖操控，即"集微网官网"，发布时间和平台设定为"9月5日22：04来自微博 weibo. com"；选取的"集微网官网"属于电子产品类的专业型意见领袖，粉丝数和被关注度均属于平均水平。

本实验的主要目的是在实验二的基础上对意见领袖道德情绪进行细粒化分析，分为意见领袖积极道德情绪同情和意见领袖消极道德情绪（恐惧、愤怒和厌恶），并进一步探讨不同类型的意见领袖道德情绪在不同强度下对组织污名的影响，以及大众风险感知的中介效用。因此，在设计实验材料时要重点关注道德情绪的倾向性和强度。每组实验材料对于道德情绪的操控是通过选取词库中的情绪词来进行的，而意见领袖道德情绪强度（高/低）则是通过情绪词的频数来实现操控的。

本实验中材料来自互联网。如图7-4所示：

图7-4　实验三某知名品牌笔记本爆炸事件材料图片

关于实验材料中标题的操控如下，笔记本爆炸事件本身就具有一定的冲击力，因此，七个实验组标题均采用了陈述事件型的标题——《笔记本爆炸，厂家宣布召回》，仅意见领袖恐惧情绪相对较高组采用了不同的标题——《笔记本爆炸连连，厂家宣布召回》，通过加入程度副词"连连"强调爆炸事故的多发性，实现对意见领袖恐惧情绪强度的操控。

关于实验材料中正文内容的设计如下：

1. 同情（低）。

笔记本爆炸，厂家宣布召回

据报道某品牌笔记本发生爆炸事故，该品牌笔记本一直以安全可靠性能良好著称，尤其是新推出的这款更被业界寄予厚望。消费者大多认为发生这样的事故纯属意外。目前该款笔记本大概卖出了40万台，经调查证实其电池存在安全问题，公司称会对该型号产品进行召回。

2. 同情（高）。

笔记本爆炸，厂家宣布召回

据报道某品牌笔记本发生爆炸事故，该品牌笔记本一直以安全可靠性能良好著称，尤其是新推出的这款更被业界寄予厚望。然而，这起意想不到的事故打破了厂家的美好预期，幸运的是消费者大多认为发生这样的事故纯属意外，表示仍会一如既往地支持该品牌。目前该款笔记本大概卖出了40万台，经调查证实其电池存在安全问题，公司称会对该型号产品进行召回。

3. 恐惧（低）。

笔记本爆炸，厂家宣布召回

据报道某品牌笔记本在使用过程中发生爆炸，目前已有50余起燃烧事故发生，其中26起致伤。该消息一经公布，用户纷纷表示担心。目前该款笔记本大概卖出了40万台，经调查证实其电池存在安全问题，公司称会对该型号产品进行召回。

4. 恐惧（高）。

笔记本爆炸连连，厂家宣布召回

据报道某品牌笔记本在使用过程中突然起火发生爆炸，目前累计已有

50 余起燃烧事故发生，其中 26 起致伤。该消息一经公布，用户纷纷表示担心。相关部门也强调该款笔记本已成为高危产品，用户需提高警惕。目前该款笔记本大概卖出了 40 万台，经调查证实其电池存在安全问题，公司称会对该型号产品进行召回。

5. 厌恶（低）。

笔记本爆炸，厂家宣布召回

据报道某品牌笔记本发生爆炸事故，厂商就该事件发表声明，称将对用户进行无偿维修及更换电池。这引发了消费者的反感，认为这是漠视消费者权益的欺诈行为，要为他们的傲慢态度道歉。目前该款笔记本大概卖出了 40 万台，经调查证实其电池存在安全问题，公司称会对该型号产品进行召回。

6. 厌恶（高）。

笔记本爆炸，厂家宣布召回

据报道某品牌笔记本发生爆炸事故导致用户受伤，该用户表示要求赔偿相关损失并追究厂商责任。厂商这种有恃无恐的虚伪行为引发了消费者的鄙视。消息一经散布，就引发了消费者的反感，认为这是漠视消费者权益的欺诈行为，要为他们的傲慢态度道歉。目前该款笔记本大概卖出了 40 万台，经调查证实其电池存在安全问题，公司称会对该型号产品进行召回。

7. 愤怒（低）。

笔记本爆炸，厂家宣布召回

据报道某品牌笔记本发生爆炸事故导致用户受伤，该用户表示要求赔偿相关损失并追究厂商责任。该消息一经公布，大家纷纷表示愤慨，要求厂家召回全部产品，否则将上诉到底。目前该款笔记本大概卖出了 40 万台，经调查证实其电池存在安全问题，公司称会对该型号产品进行召回。

8. 愤怒（高）。

笔记本爆炸，厂家宣布召回

据报道某品牌笔记本发生爆炸事故导致用户受伤，该用户表示要求赔偿相关损失并追究厂商责任。该消息一经公布，大家纷纷表示愤慨，怒斥厂商产品安全管控行为，并对此表示抗议，愤然向有关部门举报。用户一致要求厂家召回全部产品，否则将上诉到底。目前该款笔记本大概卖出了40万台，经调查证实其电池存在安全问题，公司称会对该型号产品进行召回。

3. 变量的测量

本实验同样采用语义差异法对组织污名进行测量。最终选定共十二组语义词。运用 EQS6.1 对两个潜变量（组织污名和风险感知）进行验证性因子分析，一阶验证性因子分析结果显示，$\chi^2 = 638.561$，df = 129，$\chi^2/df = 4.9501$；CFI = 0.961，IFI = 0.961，均大于 0.9；RMR = 0.045<0.05，适配良好；其中，对风险感知因子的标准载荷系数最小为 0.733，其余两项分别为 0.854 和 0.768；对于组织污名的三个不同的因子，标准载荷系数最小为 0.709，最高为 0.919。接下来进行二阶验证性因子分析，分析结果如下：$\chi^2 = 639.4$，df = 131，$\chi^2/df = 4.8809$；CFI = 0.961，IFI = 0.961，均大于 0.9；RMR = 0.047<0.05，适配性非常好；标准载荷系数最小为 0.710，最大为 0.919。以上指标均在合理范围内，说明对大众风险感知与组织污名测量的信效度较好，拟合度较优。

4. 实验设计

本实验的目的是在实验二的基础上对意见领袖道德情绪做细粒化分析，并进一步考察大众风险感知在意见领袖不同类型道德情绪对组织污名的影响中的中介作用。意见领袖道德情绪主要涉及两个因素，一个是道德情绪类型，另一个是道德情绪强度。本实验是一个二因素组间设计：4×2，共分为 8 组，意见领袖道德情绪分为同情、恐惧、愤怒、厌恶四个类型，意见领袖道德情绪强度分为高、低两种水平。

5. 实验程序

所有被试均为 MBA 学员，分别来自中央财经大学、内蒙古财经大学和内蒙古工业大学。将每组被试集中在同一个教室，每人发放一张附有问卷星二维码的纸张。指导老师首先声明这是一个关于科研的实验操作，并不涉及个人隐私，要求每位被试扫描相应的二维码，按提示要求认真完成实验内容，完成全部实验内容者可领取小礼品。指导语提示被试"请您认真阅读以上内容，并根据回忆快速写出最令人深刻的三个或五个词，注：情绪强度低组三个，情绪强度高组五个"。这一操作的主要目的是通过对关键词的回忆强化被试的认知。接下来被试根据自己的快速判断完成后面的题目，第一部分是大众风险感知的测量，第二部分是组织污名的测量，最后一部分是被试的个人相关信息。

6. 实验结果

本实验是一个自变量是类别变量的中介效应检验，自变量分别是四种不同的意见领袖道德情绪：同情、厌恶、恐惧、愤怒。同时，每种意见领袖道德情绪又有不同的强度：高、低。实验结果如表 7-7、表 7-8、表 7-9、表 7-10 所示。

表 7-7　实验三组织污名组内方差分析

因变量	情绪	情绪强度	M	$M_{low}-M_{high}$	显著性
组织污名	同情	高	4.4427	0.3680	F = 2.482, p = 0.118
		低	4.8107		
	厌恶	高	5.9507	-1.0187	F = 26.155, p = 0.000
		低	4.9320		
	愤怒	高	5.2027	-0.4760	F = 4.962, p = 0.028
		低	4.7267		
	恐惧	高	5.4373	-0.7760	F = 10.210, p = 0.002
		低	4.6613		

表 7-8　实验三组织污名组间方差分析

因变量	情绪	M	$M_{low}-M_{high}$	SD	显著性
组织污名	同情	4.6267	—	1.1766	—
	厌恶	5.4413	0.8146	1.1151	p = 0.000
	愤怒	4.9647	0.3380	1.0896	p = 0.143
	恐惧	5.0493	0.4226	1.2695	p = 0.039

表7-9　实验三大众风险感知组内方差分析

中介变量	情绪	情绪强度	M	M_{low}-M_{high}	显著性
大众风险感知	同情	高	62.0000	-13.2333	F=8.604, p=0.004
		低	75.2333		
	厌恶	高	90.3067	14.2134	F=23.916, p=0.000
		低	76.0933		
	愤怒	高	75.9500	4.1100	F=5.352, p=0.023
		低	71.8400		
	恐惧	高	79.1533	6.7333	F=2.933, p=0.090
		低	72.4200		

表7-10　实验三大众风险感知组间方差分析

中介变量	情绪	M	M_I-M_J	SD	显著性
大众风险感知	同情	68.6167	—	—	—
	厌恶	83.200	-14.5833	2.6660	0.000
	愤怒	75.9500	-7.3333	2.6660	0.031
	恐惧	65.7867	-7.1700	2.6660	0.037

　　同情是基于正面道德判断的一种情绪反应，意见领袖的同情情绪强度越高则对组织不道德行为的归因越趋向于积极，大众风险感知越小，社会大众对组织内部特质的社会评价也越趋于相对积极，因此，从理论上推导，意见领袖同情情绪相对较高，大众风险感知相对较低，组织污名应当相对较低。

　　本实验将同情作为对照组。将厌恶、恐惧、愤怒分别设定为实验组，样本量为400，每组100人，其中每组道德情绪强度相对高或低有效样本分别为50个。

　　同情情绪组的结果显示大众风险感知在同情情绪组组内存在着显著差异（R_{low}=75.2333，R_{high}=62.0000，F=8.604，p=0.004）；同时，结果显示组织污名在同情情绪组并不存在显著差异（S_{low}=4.8107，S_{high}=4.4427，F=2.482，p=0.118），因此，同情情绪组情绪强度对组织污名的影响并不显著。

　　厌恶情绪组的结果显示大众风险感知在厌恶情绪组组内存在显著差异

（$R_{low} = 76.0933$，$R_{high} = 90.3067$，$F = 23.916$，$p = 0.000$）；同时，结果显示组织污名在厌恶情绪组组内存在着显著差异（$S_{low} = 4.9320$，$S_{high} = 5.9507$，$F = 26.155$，$p = 0.000$）。以同情情绪组作为对照组进行组间分析，结果发现，组织污名在厌恶情绪组存在着显著差异，大众风险感知也存在显著差异，这说明厌恶情绪对组织污名影响的主效应显著，同时，厌恶情绪对大众风险感知的作用也显著，因此，假设1和假设2在厌恶情绪组均得到了验证。

愤怒情绪组的结果显示大众风险感知在愤怒情绪组内差异显著（$R_{low} = 71.8400$，$R_{high} = 75.9500$，$F = 5.352$，$p = 0.023$）；同时，结果显示组织污名在愤怒情绪组存在显著差异（$S_{low} = 4.7267$，$S_{high} = 5.2027$，$F = 4.962$，$p = 0.028$）。以同情情绪组作为对照组进行组间分析，结果显示，组织污名在愤怒情绪组组内存在显著差异而组间差异并不显著，这说明愤怒情绪对组织污名影响的主效应并不显著，而愤怒情绪对大众风险感知的作用显著，因此，假设1在愤怒组并没有得到验证，而假设2在愤怒组得到验证。

恐惧情绪组的结果显示大众风险感知在恐惧情绪组组内存在显著差异（$R_{low} = 72.4200$，$R_{high} = 79.1533$，$F = 2.933$，$p = 0.090$）；同时，结果显示组织污名在恐惧情绪组存在着显著差异（$S_{low} = 4.6613$，$S_{high} = 5.4373$，$F = 10.210$，$p = 0.002$）。以同情情绪组作为对照组进行组间分析，结果显示，组织污名在恐惧组存在着显著差异，这说明恐惧情绪对组织污名影响的主效应显著，同时恐惧情绪对大众风险感知的作用也显著，因此，假设1和假设2在恐惧情绪组均得到验证。

下面对大众风险感知的中介效用进行分析。本实验的主要目的是在实验二的基础上对意见领袖道德情绪进行细粒化分析，因此共有四组不同的道德情绪，需要设置3个虚拟变量（D_1，D_2，D_3）。中介变量为大众风险感知，因变量为组织污名。

回归分析如下：

$$Y = i1 + c_1 D_1 + c_2 D_2 + c_3 D_3 + \varepsilon_1 \tag{7-6}$$

$$M = i2 + a_1 D_1 + a_2 D_2 + a_3 D_3 + \varepsilon_2 \tag{7-7}$$

$$Y = i_3 + c_1' D_1 + c_2' D_2 + c_3' D_3 + \varepsilon_3 \tag{7-8}$$

整体总效应检验的 $F_{(3, 396)} = 19.242$，$p = 0.000 < 0.001$，表明3个相对总效应不全为0；整体直接效应检验的 $F_{(4, 395)} = 19.242$，$p = 0.000 < 0.001$，表明3个相对直接效应不全为0。整体中介效应检验的在95%置信水平下的 Bootstrap 置信区间为 $[0.0165, 0.0274]$，不包含0，显著，表

明 3 个相对中介效应不全为 0，因此有必要做进一步的相对中介分析（见表 7-11）。

表 7-11　相对中介分析结果

道德情绪	Bootstrap	a	b	ab	c′	c	ab/c
厌恶	[0.0540, 0.3454]	0.6255	0.0126	0.1842	0.6255 (0.0003)	0.334 (0.000)	55.1497%
恐惧	[0.0540, 0.3454]	0.6255	0.2436	0.0944	0.2436 (0.1261)	0.148 (0.036)	完全中介
愤怒	[0.0266, 0.2697]	0.2984	0.0173	0.2984	0.2984 (0.0762)	0.171 (0.015)	完全中介

注：Bootstrap 为 95% 的 Bootstrap 置信区间；ab 为相对中介效应；c′ 为相对直接效应；c 为相对总效应；ab/c 为相对中介效应的效果量。

相对中介分析的结果如下：以意见领袖道德情绪同情为参照水平，根据理论模型意见领袖正面道德情绪越高则对组织不道德行为的评价越趋向积极。

以同情情绪作为参照水平，厌恶情绪相对中介 95% 的 Bootstrap 置信区间为 [0.0540, 0.3454]，不包括 0，表明相对中介效应显著，$(a_1 = 0.6255$，$b_1 = 0.0126$，$a_1 b_1 = 0.1842)$，相对直接效应显著（$c'_1 = 0.6255$，$p = 0.0003$），即意见领袖厌恶情绪的大众风险感知要比意见领袖同情高 0.6255（$a_1 = 0.6255$），所以意见领袖厌恶情绪相对同情情绪的组织污名相应的高（$b_1 = 0.0126$）。相对直接效应显著（$c'_1 = 0.6255$，$p = 0.0003$），表明排除中介作用后，意见领袖厌恶情绪相对同情情绪的组织污名多 0.6255；相对总效应显著（$c_1 = 0.334$，$p = 0.000$），相对中介效应的效果量为 $a_1 b_1 / c_1 = 55.1497\%$（0.1842/0.334）。

以同情情绪作为参照水平，恐惧情绪的相对中介的 95% 的 Bootstrap 置信区间为 [0.0540, 0.3454]，不包括 0，表明相对中介效应显著（$a_2 = 0.6255$，$b_2 = 0.2436$，$a_2 b_2 = 0.0944$），相对直接效应不显著（$c'_2 = 0.2436$，$p = 0.1261$），相对总效应显著（$c_2 = 0.148$，$p = 0.036$），$a_2 b_2$ 显著，c'_2 不显著，这符合 Baron 和 Kenny（1986）认为的完全中介（complete mediation）

条件，假设中的大众风险感知是唯一的中介变量，模型中不存在遗漏其他中介的情况。

以同情情绪作为参照水平，愤怒情绪的相对中介的 95% 的 Bootstrap 的置信区间为 [0.0266, 0.2697]，不包括 0，表明相对中介效应显著（$a_3 = 0.2984$，$b_3 = 0.0173$，$a_3b_3 = 0.2984$），相对直接效应不显著（$c'_3 = 0.2984$，$p = 0.0762$）；相对总效应显著（$c_3 = 0.171$, $p = 0.015$）；同上，a_3b_3 显著而 c'_3 不显著，符合 Baron 和 Kenny（1986）认为的完全中介（complete mediation）条件，假设中的大众风险感知是唯一的中介变量，即模型中不存在遗漏其他中介的情况。

以上结果分析表明，意见领袖不同的道德情绪对组织污名的影响作用不尽相同，其中同情最小，厌恶最大，愤怒次之，但是恐惧并不显著。意见领袖不同道德情绪对大众风险感知具有一定的影响作用，其中同情最小，厌恶最大，而恐惧和愤怒次之，两者差别并不大，因此，假设 2 得到了验证。大众风险感知在意见领袖道德情绪对组织污名的影响中的中介作用得到了验证，其中，厌恶情绪起到了部分中介作用，而恐惧和愤怒情绪则起到了完全中介的作用。由此，假设 3 得到验证。

四、讨论

本研究通过三个系列情境实验，分别对意见领袖道德情绪对组织污名的影响进行研究，同时探讨了大众风险感知的中介作用。实验一以非法排污作为实验材料，检验意见领袖道德情绪的强度（高/低）对组织污名的影响，同时考察了一个重要的个体差异卷入度对组织污名的影响，结果显示意见领袖的消极道德情绪强度正向影响组织污名，即意见领袖的消极道德情绪强度越高，则组织污名化程度越高。实验二以家具厂商的品牌欺诈作为实验材料，检验意见领袖道德情绪（积极/消极）和情绪强度（高/低）对组织污名的影响，同时进一步验证大众风险感知对其作用过程的中介作用，研究结果显示，意见领袖积极道德情绪强度越高，则组织污名化程度越小，同时，大众风险感知也越小；意见领袖消极道德情绪强度越高，则组织污名化程度越大，同时，大众风险感知也越大；但不管是积极道德情绪还是消极道德情绪，大众风险感知的中介效用都成立。实验三以笔记本爆炸的产品安全事件作为实验材料，进一步检验细粒化的意见领袖道德情绪（同情、厌恶、恐惧、愤怒）和意见领袖道德情绪强度（高/低）对组织污名的影响，以及大众风险感知在其作用过程中的中介作用，研究结果表明，同情这种呈现出明显的积极倾向的道德情绪强度越大，组织污名化程度反而越小，同时，大众风险感知也越小；反之，厌恶、恐惧和愤怒这类呈现出明显的消极倾向的道德情绪强度越大，组织污名化程度越高，同时，大众风险感知也越强烈；但是大众风险感知在意见领袖道德情绪对组织污名的影响作用中的中介作用依然显著。

因此，我们得出如下结论，意见领袖道德情绪显著影响组织污名，但是不同的道德情绪类型对组织污名影响的方向是不同的，呈现积极倾向的道德情绪负向影响组织污名，而呈现消极倾向的道德情绪则正向影响组织污名。同样，对于大众风险感知，意见领袖道德情绪也具有显著作用，呈现积极倾向的道德情绪负向影响大众风险感知，而呈现消极倾向的道德情绪则正向影响大众风险感知。但是不管道德情绪呈现哪种倾向，大众风险感知的中介效应都是显著的。

对以上结论进行进一步分析，意见领袖通过设置议程框架实现信息分享与观点传播，通过道德情绪感染影响受众的情绪体验，进而影响大众对组织行为的归因，做出相应的社会判断和评价。意见领袖处于社交网络的关键节点，拥有一定的社会资本，尤其是在社交网络已成为社会主要沟通渠道的当下，意见领袖的影响力日益凸显。意见领袖道德情绪代表着对组织不道德行为引发的风险事件的道德和价值判断，尤其风险事件通常是突发的，伴随着信息和观点的真空，受众更易受到意见领袖道德情绪的感染。在中国文化背景下，大众对事件的判断并非总是就事论事，而是容易上升到道德层面对组织行为或事件本身进行归因和推断，意见领袖基于道德判断构建的议程框架所承载的情绪，更易引起受众的共鸣，进而强化大众的风险感知，影响对组织的评价。意见领袖道德情绪对组织污名的显著影响在实验一中已经得到验证，只是意见领袖道德情绪是复杂的，个体在积极情绪状态易对事件做出肯定评价，而组织污名是社会大众对组织做出的负面评价，因此，意见领袖积极道德情绪负向影响组织污名，这一点在实验二中已经得到验证。实验三的研究结果表明意见领袖同情情绪负向影响组织污名。反之，意见领袖消极道德情绪则正向影响组织污名，实验三还做了进一步细粒化的消极道德情绪分析，得出尽管厌恶、愤怒和恐惧三种不同消极道德情绪的影响程度不同，但都会正向影响组织污名。这说明，意见领袖的道德情绪通过情绪感染会影响大众对组织的评价。

风险即情感，情绪是风险感知的一个重要因素，众多学者的研究已验证这一点。基于评价倾向模型 ATF，情绪会影响大众对事件的评价倾向和决策。在新媒体时代，最具影响力的不是大众传播时代的"把关人"，而是活跃在社交网络上的意见领袖。基于风险的社会放大框架，意见领袖起到了个体放大站的作用。意见领袖道德情绪一定意义上就是其对社会事件的道德判断的反应，既包含理性判断，也包含感性认知。道德情绪对应着一定的道德准则和伦理基础，人们会共享这些规则，一旦组织行为违反了大众的社会预期，就会激发相应的道德判断和决策行为。意见领袖通过道德情绪对受众的影响进一步放大了风险感知。

意见领袖道德情绪会影响大众风险感知，这一点在以上的研究中得到了验证。在实验二中，意见领袖积极道德情绪负向影响大众风险感知，而意见领袖消极道德情绪正向影响大众风险感知；实验三对道德情绪做进一步的细粒化处理，意见领袖同情情绪负向影响大众风险感知，意见领袖消极道德情绪厌恶、愤怒和恐惧则不同程度地对大众风险感知产生正向影响。这同时也验证了意见领袖的个体风险放大站的作用，风险的社会放大框架中的"放大"是指现实风险与感知风险之间的偏差，而以上研究结果表明，对于同一个风险事件，意见领袖基于不同情绪的议程框架会影响大众风险感知，其中积极道德情绪会弱化风险感知，尽管情绪强度对组织污名的影响差异并不显著；而意见领袖的消极道德情绪则会强化风险感知，而且与强度呈同向变化，对消极情绪的细粒化分析也验证了这一点，不同类型的情绪对大众风险感知的影响具有一定的差异性。

风险的社会放大框架包含两个作用机制：信息机制和社会反应机制。意见领袖作为风险的个体放大站，通过设置议程框架引发相应的反应，产生次级影响和"涟漪效应"向外扩散，进而放大人们的风险感知。社会大众对组织的行为具有一定的道德情绪预期，一旦违背就会根据不同的事件所对应的道德准则和基础诱发不同的道德情绪。道德情绪本身具有动力作用，它在道德准则和道德行为之间起着重要的调节作用。道德情绪会导致不同的道德行为，如"用脚投票"或对组织实施社会和经济制裁。基于社会认知理论，风险决策是社会认知的核心。面对风险事件，情绪会影响人们的归因和社会推理，进而影响人们的判断和决策，而意见领袖道德情绪则通过情绪感染影响受众的情绪体验。

以上的研究表明，不管是意见领袖的积极道德情绪还是消极道德情绪，大众的风险感知都中介了意见领袖道德情绪对组织污名的影响。这也表明大众风险感知是导致组织污名的一个重要社会心理机制，同时这也印证了污名的社会控制功能。

本研究通过非法排污、品牌欺诈和产品安全事件三个系列情境实验进行验证，基本上涵盖了主要的企业不道德行为类型，具有一定的典型代表意义。由于意见领袖背景类型会影响其影响力，因此，在实验中进行了操控，在实验一的材料中尽量弱化了意见领袖的背景类型，实验二和实验三则选择了具有中等影响力的各个领域的专业型意见领袖。实验材料的呈现形式涵盖了短视频、文字和图片三种不同的方式。被试涵盖了大学生、MBA 学员和工作微信群成员，尽量模拟了现实的管理情境。综上，本研究通过不同的实验设计对理论模型进行验证，利用不同的研究手段，并结合不同的管理情境，充分验证了本研究的理论模型。尽管分析结果略有差异，但总体上验证了大众风险感知的部分中介效用。

第八章

研究二——基于微博大数据的验证

研究二是以研究一为基础，对组织污名形成的社会心理机制的进一步探讨。研究一是在个体微观层面对大众风险感知的作用机制进行验证，而且由于情境实验方法的局限性，我们仅选取单一的道德情绪作为自变量，研究二则是基于"三星爆炸门"的微博数据对混合道德情绪进行探讨。这样本书就完成了对大众风险感知从个体微观到社会宏观的不同层面的探讨，同时也完成了从实验操控的单一道德情绪到社会现实的混合道德情绪的一个理论模型检验，极大丰富了本书理论模型的实证检验。

研究二的研究对象选取微博大数据，出于以下考量：第一，微博意见领袖是最活跃的网络舆论力量，不但拥有庞大的粉丝群体，还具有巨大的舆论影响力，能够有效影响受众。因此，微博意见领袖比较具有代表性。第二，尽管随着微信的崛起，微博影响力已日渐式微，但是相较于微信，微博数据更加开放也更易获取。第三，与微信相比，微博作为一个公共平台，对于公共议题会有更多和更为广泛的涉猎和讨论。

研究二选取"三星爆炸门"微博大数据作为研究对象，原因如下：第一，三星公司作为世界500强的知名企业拥有较高的关注度。第二，"三星爆炸门"造成的影响非常严重，当下，手机不仅是通信工具，而且已成为人们现代生活中不可或缺的一部分，手机爆炸不仅会给消费者带来财产损失，严重的还会危及安全，因此，在"三星爆炸门"中大众的卷入程度非常高。第三，在中国情境下，引发事件污名的主要有三类典型事件，分别是企业的商业欺诈行为、产品安全事故和环境污染，因此，"三星爆炸门"具有广泛的代表意义。第四，三星作为韩国的优秀企业，已成为大韩民族的精神象征，而当时的韩国"萨德事件"进一步引发了民众的关注。

研究一中，"意见领袖"的界定是实验材料指定的，已有的研究表明意见领袖的背景会影响其权威性、可靠性和受众对其信任程度，会进一步影响其舆论影响力。针对实验方法的局限性，研究二基于社会网络分析法对意见领袖进行筛选，通过真实的数据获取可靠的研究对象，这对于研究一实验方法的局限是个有益的补充。尽管实验研究具有诸多优点，但是毕竟控制条件相对严苛，与现实情境具有一定的差距，因此微博大数据具有的贴近数据全貌的优势就更加凸显。尽管出于研究的科学性，研究一中意见领袖道德情绪类型的选择，依据已有研究并结合真实情境进行筛选，并且所有的实验设计基于真实材料进行改编，通过情绪词的频度来对道德情绪强度进行操控，但与真实情境还是有差距的。最为重要的是，研究一中意见领袖的道德情绪更多的是基于单一情绪的考量，这是对客观事实的高度理想抽象，而研究二中意见领袖道德情绪则是混合情绪，这更符合客观事实。同时，这也是对研究一的进一步深入。而研究二通过微博数据这种真实情境数据反映了研究的全貌，不仅是研究方法上的补充，同时也是对理论模型普适性的一种检验。

研究二以"三星爆炸门"的微博数据为研究对象，运用数据挖掘工具获取数据，用社会网络分析法筛选出意见领袖，进行道德情绪分析，进一步验证理论模型。

一、理论假设

（一）媒体报道与意见领袖

研究表明社会大众或外部利益相关者对组织的判断和印象极少来自直接经验，主要来自间接经验。随着社会的发展，尽管人们能够接收大量的信息，但是社会大众与企业进行"亲密接触"的机会并不多，非专业的社会大众并不能对企业披露的信息做出专业解读。信息中介人，如财经报道者、金融分析师、消费者团体、监管机构和行业专家，他们影响利益相关者对企业及其行为的感知。作为第三方的信息中介在企业与利益相关者之间扮演着重要角色，他们为利益相关者提供间接经验并为其了解企业行为制造机会。这些信息中介通过选择话题和设置议程，引导利益相关者对企业行为进行讨论。事实上信息中介对组织的影响十分重要，不仅关乎社会大众对组织行为的评价和认同，同时也关乎企业进行形象管理和进一步获取无形资产。

（二）利益相关者预期与道德情绪

利益相关者总是希望企业行为能够符合自己的预期。Pfarrer 等认为对于那些能够获取利益相关者认同的企业而言，更易形成自己的无形资产，如合法性和企业声誉，从而获取更多的生存和商业成功机会。类似的情况同样适用于商业银行和投资者，学者研究表明，那些获得更多社会认同的商业银行更易获得较高的投资回报，因为媒体是社会大众获取信息的主要渠道，同时媒体也为大众公开提供普遍的公司评判标准和构成论调，进而媒体的正面报道也代表了大众对公司的积极赞成态度。同样，投资者对新公司的形象和价值评估也依赖于媒体或其他信息中介提供的信息。因此，媒体的正面报道有助于企业获得广泛的社会认同，也有助于利益相关者对企业形成良好印象，最终建立企业的无形资产。相对于正面报道，企业的负面报道更易引发利益相关者的关注。一旦组织违背了利益相关者预期，这种负面社会刺激特性会比正面社会刺激特性更显著。这种负面报道引发的利益相关者的关注会形成对组织的集体负面评价，进而带来一系列的严重后果，甚至导致企业破产。

（三）意见领袖道德情绪与组织污名

意见领袖道德情绪既与意见领袖的道德判断相关，同时也代表着其价值取向。意见领袖通过情绪传染机制影响受众的道德情绪。每个人对事件都有自己的看法和评价，即每个人都有自己的道德情绪预期，对应相应的道德准则和基础，一旦违背就会诱发相应的道德判断，而道德情绪有很强的能动性，会驱动后继的道德行为，如撤销对组织的支持等。组织污名形成的根本原因是违反了外部利益相关者的预期。随着商业社会的成熟，社会大众对组织有承担更多社会责任的期许。因此，尽管有时组织完全遵守了商业规则，但是却违反了更广泛意义上的社会规范，就会激发由组织行为而引发的社会大众对组织内部特质的道德评判，进而驱使大众对组织做出负面评价，当这种负面评价累积到一定的程度，最终会导致组织污名化。

因此，有如下假设：

[**假设1**] 意见领袖道德情绪影响组织污名。

（四）意见领袖道德情绪与大众风险感知

媒体报道是社会风险认知的最强有力的决定因素。在大众传播时代，"把关人"起着主导作用，而在社交网络时代，意见领袖的影响力和作用则得到了进一步的加强。一方面，意见领袖利用其专业知识和接近信息源的便利条件，拥有了更多的影响力和话语权，进而成为社会风险放大框架中的个体放大站。另一方面，意见领袖与粉丝之间通过社交网络进行更多的交流与即时互动，这种认同感会进一步增强意见领袖的影响力。情绪具有"传染效应"，在无意识的情况下引导人们具有相同的情绪状态。学者通过实验验证了大规模的情绪传染是可以通过社交网络发生的，并且这种传染与他们之间的熟悉程度无关。当然，不同的情绪其"传染效应"也不尽相同，这一点也得到了学者的验证。一方面，受众由于趋同的价值观而关注意见领袖，因此，双方具有更高的认同感；另一方面，道德情绪基于道德价值判断，是意见领袖基于普世价值观的一种观点表达，从而进一步强化了这种"传染效应"。基于社会心理学视角，风险感知是形成公众态度的基础。意见领袖作为风险放大框架中的个体放大站，通过情绪传染影响大众的风险感知，风险感知会激发人们的污名反应，而道德价值判断引发的道德情绪会进一步强化这种效应。

因此，有如下假设：

[**假设2**] 意见领袖道德情绪影响大众风险感知。

（五）大众风险感知与组织污名

风险具有公共属性，对于风险的厌恶是人类的本能反应。人类已进入风险社会，对风险的管理已成为社会生活中不可或缺的一部分。社交网络媒体的崛起深刻影响和改变人们的生活状态，每天接触的海量信息让人们越来越依赖于来自专业人士的信息和观点的整合，即意见领袖在日常生活中扮演着愈加重要的作用，人们是通过意见领袖的信息分享和观点传播来了解社会事件的发生与发展进程，形成对组织行为与形象的认知和评价。基于意见领袖对组织不道德行为的传播与解读，一旦公众认为组织会带来潜在的或现实的风险，这种风险感知的放大就会激发大众的社会决策动机和行为，产生本能的排斥反应，进而引发对组织的消极评价。

因此，有如下假设：

[**假设 3**] 意见领袖道德情绪通过大众风险感知影响组织污名。

二、意见领袖筛选及道德情绪分析

随着"三星爆炸门"的不断发酵，该事件俨然已成为无形的聚能器，段子和恶搞都成为该事件的衍生品，如图 8-1 所示。

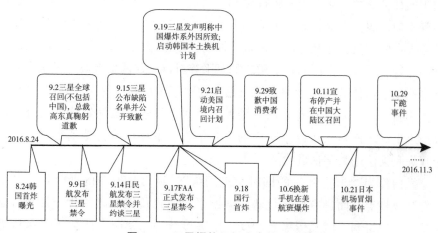

图 8-1 三星爆炸门衍生事件时间轴

2016 年 8 月 24 日，韩国知名手机论坛发布疑似 note 7 爆炸图片，这是整个事件的开端，随后，多起关于三星 note 7 手机爆炸事件曝光。9 月 2 日，三星宣布在全球召回已销售的 250 万台手机（但不包括中国），尽管解释为销往中国的产品使用的是安全电池，但仍引发中国消费者对其差别对待的质疑。9 月 14 日，三星宣布在中国区召回 note 7。紧接着国行 note 7 又相继发生爆炸，三星声称"爆炸是外部故意加热所致"，属于消费者骗取赔偿金的恶性行为，最终事情反转，经第三方检测部门鉴定是由于手机电池自燃。三星这一系列行为引发了消费者的强烈不满。10 月 11 日，三星电子宣布 Note 7 停产。一波未平一波又起，10 月 29 日三星又曝出了"下跪门"。作为重要的电子产品配件，锂电池的爆炸并非罕见，如以"苹果爆炸"为关键字，结果显示共计有 411 万条相关信息，而以"华为爆炸"为关键字则有 370 万条相关信息。"三星爆炸门"最初只是一个单纯的产品安全事件，但是由此衍生出的一系列事件和连锁反应对三星公司的影响却如此广泛且深远。三星营业损失逾 50 亿美元，股价大幅下跌，市值蒸发超 200 亿美元，广大消费者更是将三星手机等同于"手雷"。"三星爆炸门"事件的负面效应持续时间之长，影响之恶劣，远超一个产品安全事件的范畴，三星公司也因此被彻底污名化。

Devers 等（2009）认为组织污名就是"能够激发利益相关者集体的对组织所具有的本质的、深层次的缺陷的集体感知，将其去个性化以及推动对它的不信任的标签"。组织污名会对组织产生深远的消极影响，如撤销对组织的社会支持，对组织实施社会和经济制裁，致使组织丧失合法性地位、声誉受损、股价下跌，导致企业陷入危机乃至破产。"三星爆炸门"引发了社会大众的广泛关注和讨论，来自微博的证据也印证了这一点。"影响最深远的还是三星对于中国 note 7 用户的不平等对待，让消费者对三星这个品牌已经产生了信任危机。""三星手机是如何跌落神坛的。召回、停售、停产、市值蒸发，三星面临着有史以来最大的危机，除了高额的经济损失外，让其最恐惧的应该是长久以来建立的品牌信誉、市场地位将受到重创，而这个损失是无法用数字估量的。"

微博作为"节点共享的即时信息网络"，在信息发布的即时性、共享性、开放性等方面具有更多优势。微博平台信息传播的碎片化、订阅机制和单向认证机制，以及传播者和受众的高度统一，实际上弱化了二级传播效应，进一步强化了意见领袖与受众之间的信息交流。同时，信息的订阅者是以认同或关注为基础的，这种趋同心理使得意见领袖与受众之间更易引发情绪共鸣。因此，微博意见领袖比较适用于本研究。

学者研究发现事件结果、新闻报道、社会大众感知、公众反应及社会经济和政治影响这五个变量对社会风险放大过程具有正向影响。本研究基于"三星爆炸门"新浪微博数据，利用数据挖掘技术、社会网络分析法和文本分析对该事件中微博意见领袖道德情绪的变化趋势进行分析。具体操作如下：第一，数据挖掘部分，包括对微博数据的提取和数据预处理；第二，通过提取的微博博主数据，应用社会网络分析法进行微博意见领袖的筛选；第三，通过文本分析对文本数据进行情感分类和强度标注。

本研究基于"三星爆炸门"的微博大数据，研究一通过数据挖掘获取数据，用社会网络分析法筛选出"三星爆炸门"中的意见领袖并深入分析四种主要的道德情绪；研究二则对筛选的意见领袖相对应数据进行分析，验证本研究的理论模型。

（一）微博数据提取

本书利用集搜客（Gooseeker）开发的爬取微博数据工具来获取新浪微博数据，通过设定关键词来提取有效的热门微博数据，关键词设定为"三星"＋"爆炸"，"sumsung"＋"爆炸"，"三星"or"sumsung"or"爆炸"。由于研究对象设定为意见领袖，所以同时设置了对博主的检索条件，仅限粉丝数大于10万的认证大V，包括黄V（微博个人认证）和蓝V（微博官方认证）。关于事件的时间窗，将微博爬取的时间起始点设置为2016年8月25日0时，根据事件分析并结合百度热搜指数将截止点设置为2016年11月9日24时。最终获取419名博主信息。

（二）意见领袖筛选及分类

微博作为一个信息传播和社交网络平台，用户和信息流极其巨大，而且结构异常复杂，这使得对微博意见领袖的甄别和筛选成为学者关注的课题。随着信息技术和数据挖掘技术的发展，通过微博大数据构建模型甄别意见领袖已成为主流。王君泽等（2011）将注册用户数量、粉丝数量、是否被验证身份和发布的微博数量作为识别微博意见领袖的关键指标，并以此构建了识别意见领袖的多维模型。魏志惠和何跃（2014）首先利用信息熵检验评价指标体系的合理性，其次利用未确知测度模型进行综合评价，再次利用信息熵在评价中客观确定指标权重，并通过置信度识别准则确定微博用户等级和综合评分，最后实现对意见领袖的识别。马宁等（2014）基于动态网络分析（Dynamic Network Analysis，DNA）原理，构建并应用相关测度指标对网络舆论中的六类具有不同特点的意见领袖进行识别。朱卫未和王海琴（2015）利用社会网络分析法识别出意见领袖的重要节点，同时，结合偏好排序算法分析这些重要节点对舆情的看法和态度，辨识领袖对事件主题的意见和影响方向。陈远和刘欣宇（2015）则通过社会网络中的结构洞位置、中心度位置和边缘位置对微博意见领袖角色进行识别，并与网络中公认的意见领袖进行比较，得出网络意见领袖与社会网络位置的对应关系。

本书应用社会网络分析软件Ucinet对已获取的419名博主信息进行分析。根据爬取的微博数据，找出其中二次传播数大于2的微博用户，根据他们的传播路径统计出这些博主之间的相互联系，部分节点的描述性统计如表 8-1 所示。

表 8-1　节点描述性统计

	Degree	NrmDegree	Share
Mean	4.100	0.741	0.013
StdDev	5.286	0.956	0.016
Sum	328.000	59.313	1.000
Variance	27.940	0.914	0.000
SSQ	3580.000	117.067	0.033
MCSSQ	2235.200	73.091	0.021
EucNorm	59.833	10.820	0.182
Minimum	1.000	0.181	0.003
Maximum	33.000	5.967	0.101

运用社会网络分析软件 Ucinet 分析得到传播路径网络图，如图 8-2 所示。

对"三星爆炸门"传播路径的邻接矩阵进行 K 核分析，分析结果表明网络最大值为 9，共有 68 个节点，这说明在该传播网络中存在着紧密的小团体。以央视财经为例，其与传播网络中的其他节点之间的交流最为密切，总数达 37，其中包括 12 个核心节点，以上说明央视财经与节点之间的交流，不仅局限于核心节点，而且还包括边缘区域的节点。通过 K 核分析，发现在这个网络中存在着两个子网络，第一子网络包括央视新闻、央视财经、共青团中央等，共 17 个节点。第二子网络包括新浪科技、人民日报、新浪新闻客户端、新浪财经等节点，如图 8-3 所示。

对"三星爆炸门"的传播路径图进行核心—边缘结构模型的相关系数测量，经过 100 次迭代后，发现核心—边缘模型的相关系数最大值为 0.151。当达到最大值时，说明该结构是一个核心—边缘结构。以央视财经为例，其核心度为 0.101，接近最大值，表明央视财经与其他节点的信息交流的广度和深度最大，位于信息资源交流的核心位置。本书列举了核心度排名前十的节点，如表 8-2 所示。

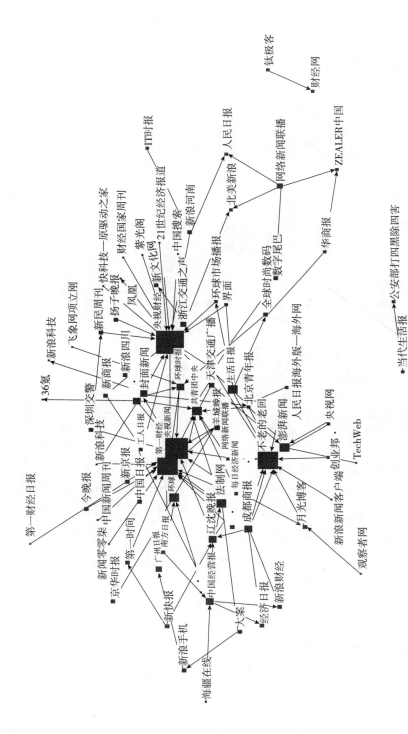

图8-2　传播路径网络图

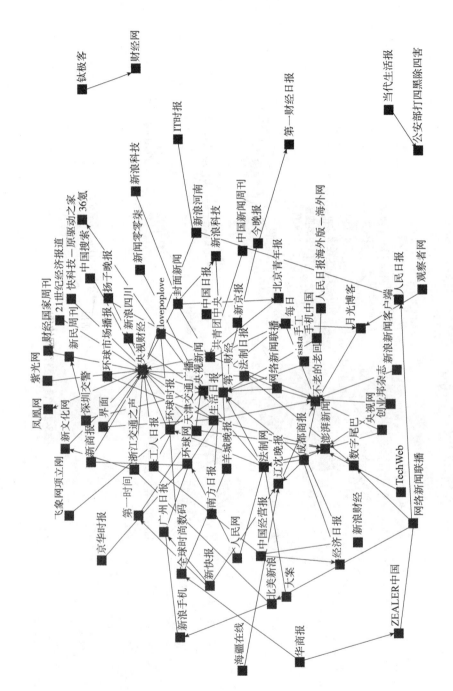

图8-3 基于K核分析的传播路径图

表8-2　核心—边缘模型核心度排名前十节点

序号	节点	Degree	NrmDegree	Share
1	央视财经	33.000	5.967	0.101
2	央视新闻	26.000	4.702	0.016
3	第一财经	17.000	3.074	0.052
4	不老的老回	16.000	2.893	0.049
5	环球网	15.000	2.712	0.046
6	共青团中央	13.000	2.351	0.040
7	lovepoplove	10.000	1.808	0.030
8	环球时报	8.000	1.447	0.024
9	澎湃新闻	8.000	1.447	0.024
10	法制网	8.000	1.447	0.024

　　学者认为受众是否追随意见领袖主要出于三方面考虑：第一，提供怎样的观点；第二，可以获取怎样的建议；第三，可利用的社会位置。意见领袖的主要特征有三方面：第一，知识背景，即意见领袖的学术背景和专业素质；第二，社会地位，指在大众或社交网络中的影响力和号召力；第三，对媒体的接触度和关注度。基于社会地位的视角对筛选的意见领袖进行划分，可分为以下几类：第一，提供主要观点的具有公共知识分子特征的意见领袖；第二，利用专业知识提供专业解读；第三，凭借其特殊背景或本身由于更接近信息源而更早获取信息，成为主要的信息提供者。

　　本研究基于以上特征对获取的意见领袖进行分类，第一类是党媒，主要发挥着原始信息源的作用，一方面，最早发布相关信息；另一方面，由于其强大的影响力，起到原始信息源的作用。以央视新闻为例，仅发布六条微博，评论数达三万多条，占爬取评论数的近1/6。第二类是专业型博主，因为手机作为电子产品的一大门类，具有极强的专业性，在事件中也扮演着非常重要的角色。他们主要从技术角度进行信息的传播与解读，如新浪手机、安卓论坛等，他们的特点是特别关注事情的进展，博文发布极其密集，而且注重对专业技术的评论。第三类是传统媒体注册的蓝V，诸如《环球时报》《中国经营报》等，这一类占据了获取的意见领袖的大部分。只有极少的个人注册的黄V成为此次事件中的意见领袖，以"不老的老回"

为例，他是"爆炸门"事件的亲历者，由于深度卷入成为第一手资讯的发布者，而且他坚持起诉、绝不妥协的态度引起了各方的关注，成为为数不多的个人注册微博用户的意见领袖。意见领袖的影响力一般是相对稳定的，但是也不排除意见领袖对某一事件的观点解读而导致其影响力发生变化的情况，这就是通常所说的"涨粉儿"或"掉粉儿"，即指在事件发生的某一时间段内，意见领袖的观点导致的粉丝数量的变化。就"三星爆炸门"而言，最为典型的就是"不老的老回"，作为手机爆炸的亲历者，处于该事件信息来源的中心节点，其鲜明的态度使得粉丝不断增加，其中不乏有相当影响力的大 V，这就导致其在这一事件中的影响力得到增强。

学者对意见领袖的议题设置特征进行分析，发现知识精英型意见领袖更倾向于事实框架，具有问题定义倾向，而未具名微博用户更倾向于情绪框架，具有娱乐化倾向。筛选出的意见领袖只有极少数是个人注册的黄 V，绝大部分都是企业注册的蓝 V，但是两者之间的区别并不明显。除了部分党媒极少时会倾向于问题定义，大部分时间也表现得非常接地气。综上，意见领袖的议题设置大多倾向于情绪框架，只有极个别倾向于事实框架。分析原因如下：第一，媒体传播的娱乐化倾向愈演愈烈；第二，微博自身特有的区别于大众传播的语言特点和议题框架；第三，韩国部署萨德问题激起了中国网民的不满情绪，三星作为韩国最具影响力的企业，会受到一定的波及。

（三）数据预处理

数据预处理过程如下：第一，从获取的微博数据的评论区中随机抽取10000 条作为训练数据集（training dataset），目的是作为训练模型或确定模型参数的数据集。剩余评论则用作测试数据集（test dataset）。第二，对文本进行情感分类。通过训练数据集对获取的微博评论进行中文分词（word segmentation）。本研究的中文分词工具来自集搜客，根据中文分词结果，对一些异常的低频或高频词进行删除，如错字、副词或介词。分析结果发现，有一些本事件中特有的字符，如"氵"，在这里的含义是使用三星手机操作中突然爆炸，因此仅显示半个字符，是网民一种创造性的负面评价。第三，用工具对切完词后的数据集打标并对每条评论进行标注。

1. 情感分类

本研究将情感分为两类，一类是人工情感标注，另一类是应用机器学习测试数据集。

　　人工情感标注分为两部分，第一部分是对获取的 1079 条博文进行情感标注，这部分运用语义规则的词语情绪权重向量累积的方法得到句子向量，充分利用情绪词的类别和强度信息，同时考虑功能词对情绪词产生的影响，根据其影响程度分别为它们设定合理的乘数因子，如强调词乘数因子为1.5，转折词为 0，否定词为 0.6。对于表示强调的标点符号也要赋予乘数因子，如"！""？""？！""……"等，它们起到和强调词同样的作用，影响情绪词所表达的情绪强度，因此共同构成强调词库。基于文本分析结果，本研究中的转折词有"但是""但""但却""却""反而"等。

　　词库来自人工标注，组织中央财经大学商学院的博士生和北京大学心理学系的学生对博文进行情感标注，一方面，对照已有的词库；另一方面，根据本事件的具体情境进行词库的填充。结果显示，按 Davidson 等对道德情绪的分类标准，谴责他人的恐惧、厌恶、愤怒三种道德情绪占主导，对他人遭遇的同情也稍有体现，其他的情绪则在博文中极少体现。因此，我们将恐惧、厌恶、愤怒和同情这四种道德情绪作为人工情感标注的依据。标注内容包括两部分，一部分是道德情绪的类别，另一部分是情绪的强度。为了保证情感标注的客观性，运用对参与情感标准的同学进行培训和专家试评两种措施进行情感标注。最终，形成一个词库，并根据以上算法进行情绪分析。

　　人工情感标注的第二部分是对爬取的评论进行标注，总共爬取 18 万多条评论，随机抽取 1 万条评论进行人工标注，这部分只区分正面情绪与负面情绪。

　　2. 机器学习情感分类

　　由于本研究采用微博大数据，区别于传统的人工情感标注方法，运用机器学习的方法对评论文本进行自动分类，提高了对数据的处理效率。评论部分处理相对简单，仅区分正面情绪与负面情绪，但这里需要注意的是要对情绪对象的主体进行区分，如有的负面情绪是针对某些监管部门的不作为，在此仅将针对三星公司主体的作为有效数据，共处理评论 171574 条。

　　3. 道德情绪—风险感知时间走势分析

　　通过对筛选过后的意见领袖发布的 1079 条博文进行人工情感标注，所有的博文在四种道德情绪上分别都有一个得分。我们将时间区间划分为 24 小时，为了比较同一水平上各个道德情绪的相对强度，取 24 小时内所有博文的各个情绪值的平均值，得出道德情绪—风险感知时间走势图，如图8-4所示。

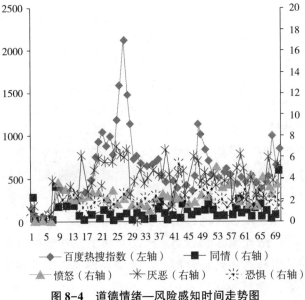

图例：
◆ 百度热搜指数（左轴）　■ 同情（右轴）
▲ 愤怒（右轴）　※ 厌恶（右轴）　※ 恐惧（右轴）

图8-4　道德情绪—风险感知时间走势图

研究发现，意见领袖所呈现出的道德情绪中强度最高的是恐惧，其次是厌恶和愤怒，而持同情的则强度相对比较低。原因有以下几点：第一，恐惧是人们对环境威胁最直接的本能反应，"三星爆炸门"事件本身严重威胁消费者人身和财产安全。第二，恐惧是与风险感知最为密切的情绪，手机作为人们日常生活不可或缺的通信工具，个体的卷入程度较高，而且三星是首屈一指的电子产品公司，拥有非常好的声誉，这会放大人们的风险感知。第三，人们在理解所面临的社会情境、构建社会现实以及组织交互行为的过程中，恐惧已经成为人们最依赖的解释框架。因此，在整个事件中，恐惧情绪占主导位置。道德情绪是由于对人类道德基础的违反而产生的。根据CAD道德情绪理论，愤怒情绪对应自治性准则，一旦违反"关心/伤害"和"公平/互惠"原则就会诱发愤怒情绪。当三星公司宣布全球召回但不包括中国的时候，显然违反了公平原则，激发了大众的愤怒情绪，尽管三星做出了中国市场采用的电池是不同厂家生产的解释，但是这样的声音被大众忽视，几乎一边倒地认为是三星实施"双重标准"。厌恶情绪对应神性准则，一旦违背其"纯粹/神圣"的道德基础就会诱发厌恶情绪。继三星公司全球召回不包含中国之后，国行版note 7相继发生爆炸，最初三星单方面认定是中国顾客外部加热导致，后经第三方检验系电池本身的原因，经质检总局（现国家质量监督检验检疫总局）约谈后三星宣布在中国全面召回，并对以上行为致歉。这种行为诱发了大众的社会道德厌恶，厌恶情绪会引发更强烈的道德判断，认为违背道德的行为更严重。Haidt 进一步完善了道德准则、道德基础和道德情绪之间的对应关系，认为违反"伤害/关心"会同时诱发对苦难者的同情和对伤害者的愤怒。同情的原因有以下几点：第一，尽管三星 note 7 因为锂电池爆炸被召回，但其出色的性能和产品创新性还是赢得了认可，被称为唯一能与苹果相抗衡的安卓"机皇"。第二，尽管三星公司在这一事件中初期的表现并不值得称道，但其全球召回并果断停产、停售的举动，表现出了令人尊重的企业责任感。第三，部分大众认为"三星爆炸门"事件可能因为受韩国政府意欲安装萨德系统的影响，还有一部分推测同行的恶意竞争也起到了推波助澜的作用。此次事件对三星公司的负面影响巨大，尽管会引发部分同情情绪，但是仍占极少的比例。这种情绪对道德判断影响的特异性只表现为影响程度的差别，并不具有绝对的排他性。

早期的道德判断一直是理性主义模型占主导地位，近年来，情绪在道德判断中的作用得到了越来越多的关注。情绪与理性是道德判断中难以分离的两个过程，他们共同作用于道德判断。学者进一步研究指出，情绪不仅参与了道德判断的全部过程而且还是道德判断不可或缺的重要组成部分。据以往研究表明，每一种情绪都会对特定的某一种道德判断产生影响。道德情绪判断又称为道德情绪预期，是指个体对与道德有关的情境或事件做出的情绪判断或预期。

表 8-3 道德情绪描述性统计与相关分析

变量	M	SD	Min	Max	1. 同情	2. 愤怒	3. 厌恶	4. 恐惧
1. 同情	0.757	0.587	0	3.238	1.000			
2. 愤怒	2.361	0.859	0.600	5.167	-0.069	1.000		
3. 厌恶	2.035	0.730	0.600	5.300	0.456**	0.024	1.000	
4. 恐惧	4.005	1.481	1.000	8.083	-0.350**	-0.130	-0.314**	1.000

注：N=65，*、** 分别表示在5%、1%水平显著。

三、意见领袖道德情绪对组织污名的影响研究

为了进一步验证我们的假设，在研究一的基础上，对已有的意见领袖进行筛选，自 2016 年 8 月 25 日韩国网站曝出第一起三星 note 7 爆炸事件至 11 月 3 日"下跪门"，余波已尽，共筛选出有效数据 65 组。

（一）变量

组织污名为被解释变量，基于态度三成分理论，包含认知评价、情感体验和行为倾向。当人们认可某一观点时，表现为积极地转发、点赞和评论，以表示心理上的认同。每个意见领袖发表的博文对应三个态度指标，尽管他们所代表的态度强度并不相同，但是考虑到系数的线性关系对整体并没有影响，所以并不进行区分，对转发和点赞做相同的处理，对评论内容进行内容分析，判断其是正面评价还是负面评价，并计算负面评价的比例，最后将这三个做过标准化处理的指标相加，考虑到量级的问题，估取对数处理，即为组织污名的评价指标。

意见领袖道德情绪为解释变量，对四种不同的道德情绪做多重共线性判断，结果表明，最大的 VIF 值为 1.145，因此判断不存在多重共线性问题。同时，根据本研究的背景，以"三星爆炸门"的核心事件作为时间点，同时参考意见领袖对事件的关注度，依据危机事件的发展周期，划分出不同的区间，然后依据加权平均法计算每天的复合道德情绪强度。

风险感知测量区别于传统的基于心理范式的风险感知测量，结合大数据技术和在线文本分析，通过对中文搜索引擎百度新闻热搜词的内容分析判断大众风险感知。本书通过互联网的搜索行为，即"三星爆炸门"的百度热搜指数，判断大众心理层面上对"三星爆炸门"的风险感知。考虑到滞后效应，本研究取滞后一天的数据。考虑到本研究与事件节点相关和其连续性，做三期的简单移动平均。

（二）数据处理过程及结果分析

首先对所有的变量进行描述性统计和相关分析，包括未标准化的变量和标准化的变量，结果如表 8-4 所示。

表8-4 描述性统计和相关分析

变量	M	SD	Max	Min	1. 组织污名	2. 道德情绪	3. 风险感知
1. 组织污名	2.419	0.476	3.363	0.125	1.000		
2. 道德情绪	3.030	0.758	4.583	1.061	0.326 **	1.000	
3. 风险感知	2.717	0.267	3.239	1.790	0.313 *	0.295 *	1.000

注: N=65, *、**分别表示在5%、1%水平显著。

本研究的数据处理过程参考温忠麟等（2014）关于中介效应的检验流程，将分步检验与 Bootstrap 方法相结合。步骤依次为：

第一，检验主效应，意见领袖道德情绪对组织污名的线性回归，结果显示，$c=0.326$，$p=0.008$，主效应显著。第二，依次检验自变量道德情绪对中介变量大众风险感知的效应和中介变量风险感知对因变量组织污名的效应，回归结果显示，$a=0.295$，$p=0.017$；$b=0.238$，$p=0.056$，均显著。第三，利用 Bootstrap 法进行检验，本研究是简单中介效应，即仅有一个自变量、一个因变量和一个中介变量。选择模型4，即 Model Number 为4；设定样本量为5000，即 Bootstrap Samples 为5000；取样方法选择偏差校正的非参数百分位法，即 Bias Corrected；选择95%的置信区间。结果显示，LLCI = 0.0035，ULCI = 0.1112，不包含0，因此，中介效应显著，且中介效应大小为0.0441。第四，控制中介变量大众风险感知的影响后，检验自变量意见领袖道德情绪对因变量组织污名的效应，结果显示，LLCI = 0.0075，ULCI = 0.3137，不包含0，因此，主效应也显著，且大小为0.1606，可能存在其他中介。综上，间接效应 ab 与直接效应 c′同号，大众风险感知部分中介意见领袖道德情绪对组织污名的效应，ab/c = 0.0441/0.326 = 0.1353，即解释了13.53%的变异。

结果显示，意见领袖道德情绪对组织污名的形成具有积极影响，假设1得到验证。在新媒体时代，最具影响力的不是大众传播时代的"把关人"，而是活跃在社交网络上的意见领袖。基于社会风险放大框架，位于社会网络关键节点的意见领袖起到个体风险放大站的作用。道德情绪对应着一定的道德准则，是人们共享的规则，一旦组织行为违背了人们的道德情绪预期，就会激发相应道德判断，引发相应的道德行为，如导致对组织的负面评价并撤销对组织的支持等。组织本身的不道德行为固然是形成组织污名的必要条件，但是意见领袖道德情绪在一定程度上还是起着正向影响作用。对于同样的组织不道德行为，意见领袖如何进行信息传播与观点解读会在一定程度上影响社会大众的道德判断。媒介报道所提供的信息同受众对这些负面信息的认知与建构是密不可分的。个别利益相关者对组织不道德行为贴的个体标签只是组织污名形成的可能条件，只有当负面信息累积到一定程度，才有可能使得个体标签转化成为集体标签，在这个过程中媒体扮演着重要的角色，而在个体标签向集体标签转化的过程中滚动着汹涌的信息流，而与信息流相伴的是社会大众对组织不道德行为不断加深的认知，以及对组织内部特质的进一步解读和意义建构，在两者的共同作用下，才完成组织的污名化进程。同时研究表明，情绪框架要优于事实框架，意见领袖的道德情绪则进一步强化了议程设置的功能，我们的研究结果从另一个方面验证了社交网络时代意见领袖所发挥的重要作用。

意见领袖道德情绪对大众风险感知具有正向影响，假设2得到验证。意见领袖作为个体风险放大站，其道德情绪会放大大众的风险感知。在社交网络中众多参与者以意见领袖为核心参与互动。一般而言，意见领袖的影响力越大就越处于信息交流的中心枢纽位置，其议程设置能力就越强。意见领袖影响力通过强化其个体风险放大站的作用来积极影响道德情绪对组织污名的作用，即意见领袖影响力越大，其个体风险放大站的作用就越大，而其道德情绪对组织污名的促进作用也越大，反之亦然。当然，情绪驱动和理性认知是不能完全分割的，只不过在时间压力的情境下，人们更倾向于情绪驱动，反之，会更倾向于理性认知。但是不管是哪种方式，风险感知本身就是一种本能的自我保护，是客观存在的，会因此影响人们对组织的评价。

大众的风险感知部分中介了意见领袖道德情绪对组织污名的正向影响，假设3得到了验证。意见领袖作为个体风险放大站，主要功能就是激发"涟漪效应"，放大受众的社会风险感知，进而影响公众对风险的认知和行为反应。大众风险感知是社会大众对风险事件的一种认知，组织污名是对组织行为或特质的一种负面评价。在本研究中，意见领袖通过道德情绪影响受众的风险感知，进而影响组织的污名化。一直以来学者都忽视了对组织污名形成的社会心理机制的探究，而基于风险感知对组织污名形成的心理机制的阐释，同时也验证了污名的控制功能。

需要进一步指出的是，本研究基于"三星爆炸门"微博数据进一步验证了理论模型，是对研究一情境实验的一个有益补充。尽管情境实验力求还原真实的情境，但与复杂的现实情境相比还有一定的差距。为了实现对理论模型的验证，实验中对很多因素进行了操控，一方面，我们对意见领袖的影响力进行了操控；另一方面，我们对道德情绪进行了操控，不仅操控了道德情绪的类型，同时还操控了道德情绪的强度。而这与现实情境存在着巨大的差距，因为道德情绪本身是复杂的，而且同一个意见领袖议程框架中不可能只有一种道德情绪单独发挥作用。微博数据作为来自真实情境的数据，是对整体研究非常有益并且必要的补充。用不同的数据来源，以及不同的研究方法，对理论模型进行验证，一方面，使得对理论模型的验证更加充分；另一方面，能够扩大理论模型的普适性。

第九章

结论与意义

本书从污名主体的视角出发，以风险的社会放大框架为分析框架，基于社会认知理论构建理论模型，探讨意见领袖道德情绪对组织污名的作用机制。研究一采用系列情境实验的方法，探讨了意见领袖消极道德情绪对组织污名的影响，以及大众风险感知在其中的作用机制。实验一主要探讨情绪强度（高/低）和个体卷入度对组织污名的影响；实验二在实验一的基础上，继续探讨意见领袖道德情绪（积极/消极）与组织污名的关系，并检验了大众风险感知的中介作用；实验三则在实验二的基础上，进一步对意见领袖道德情绪做细粒化分析，结合已有文献和现实情境分析了几种主要的道德情绪（同情、厌恶、愤怒、恐惧）对组织污名的影响及大众风险感知的作用机制。研究二基于"三星爆炸门"微博数据对研究一做了有益补充，运用真实情境的混合道德情绪进一步验证了本书的理论模型。

本章主要对研究一和研究二的结论进行总结并讨论。

一、结果与讨论

（一）结果分析

1. 意见领袖道德情绪显著影响组织污名

作为个体风险放大站的意见领袖通过情绪框架实现信息分享与观点传播，并通过道德情绪感染影响受众的情绪体验，进而影响大众对组织行为的归因，并做出相应的社会判断和评价。在以社交网络为主要沟通渠道的当下，位于社交网络关键节点的意见领袖，凭借其拥有的社会资本，影响力日益凸显。意见领袖道德情绪代表着对组织不道德行为引发的风险事件的道德和价值判断，尤其风险事件通常是突发的，往往伴随着信息和观点的真空，在寻求信息的迫切动机和时间压力的双重作用下，更易形成意见领袖与大众之间的情绪感染。中华文化背景下，人们并非总是根据事件本身做出客观判断，而往往容易上升到道德和价值判断层面对组织的行为或事件进行归因和推断，而意见领袖基于道德判断构建的议程框架所承载的情绪，更易引发受众的共鸣，影响其对组织的评价。意见领袖道德情绪强度对组织污名的影响在研究一的实验一中已经得到验证。意见领袖道德情绪是复杂的，个体在积极情绪状态下更易做出肯定评价，反之，在消极情绪状态下更易做出负面评价，因此，意见领袖积极道德情绪负向影响组织污名，而意见领袖消极道德情绪正向影响组织污名，这一点在实验二中已经得到验证。实验三还对细粒化的消极道德情绪进行了分析，得出尽管厌恶、愤怒和恐惧三种不同的消极道德情绪的影响程度不同，但都会正向影响组织污名，而相对积极的同情情绪对组织污名的影响并不显著。以上研究结果表明，意见领袖道德情绪对组织污名具有显著影响。

2. 意见领袖道德情绪影响大众风险感知

风险即情感，情绪是风险感知的一个重要因素，众多学者的研究已验证这一点。基于评价倾向模型ATF，情绪会影响大众对事件的评价倾向和决策。在社交网络时代，最具影响力的不是大众传播时代的"把关人"，而是活跃在社交网络上的意见领袖。意见领袖道德情绪就是其对社会事件的道德判断的反应，既包含理性判断，也包含感性认知。道德情绪对应一定的道德准则和伦理基础，人们会共享这些规则，一旦组织行为违反了大众的社会预期，就会激发相应的道德判断和决策行为。作为个体风险放大站的意见领袖，通过道德情绪对受众的影响进一步放大了风险感知。

意见领袖道德情绪会影响大众风险感知，这一点在以上的研究中得到了验证。在研究一中，意见领袖积极道德情绪负向影响大众风险感知，而意见领袖消极道德情绪正向影响大众风险感知；对道德情绪做进一步的细粒化处理，意见领袖同情情绪负向影响大众风险感知，意见领袖消极道德情绪厌恶、愤怒和恐惧则不同程度地对大众风险感知产生正向影响。这同时也验证了意见领袖作为个体风险放大站的作用，风险的社会放大框架中的"放大"是指现实风险与感知风险之间的偏差，而以上研究结果表明，对于同一风险事件，意见领袖基于不同情绪的议程框架会影响大众风险感知，其中积极道德情绪会弱化风险感知，情绪强度对组织污名的影响差异并不显著；而意见领袖的消极道德情绪则会强化风险感知的影响，而且与强度呈同向变化，对消极情绪的细粒化分析也验证了这一点，不同类型的情绪对大众风险感知的影响具有一定的差异性。

在以"三星爆炸门"微博数据为研究对象的研究二中，以百度热搜指数为大众风险感知，结果表明，意见领袖道德情绪正向影响组织污名，并且大众风险感知部分解释了这种作用机制。对"三星爆炸门"意见领袖的混合道德情绪进行分析，发现恐惧情绪所占比重最大，而厌恶和愤怒次之，占比最少的则是同情，而研究结果也充分说明，占比最大的消极道德情绪对大众风险感知具有正向影响。综合以上两个研究，结果表明意见领袖道德情绪会对大众风险感知产生影响，同时这也验证了意见领袖个体风险放大站的作用。

3. 大众风险感知中介意见领袖道德情绪对组织污名的影响

风险的社会放大框架包含两个作用机制：信息机制和社会反应机制。意见领袖作为风险的个体放大站，通过设置议程框架引发相应的反应，产生次级影响和"涟漪效应"向外扩散，进而放大人们的风险感知。社会大众对组织行为具有一定的道德情绪预期，一旦违背就会根据不同的事件所对应的道德准则和基础诱发不同的道德情绪。道德情绪本身具有动力作用，它在道德准则和道德行为之间起着重要的调节作用。道德情绪会导致不同的道德行为，如"用脚投票"或对组织实施社会和经济制裁。基于社会认知理论，风险决策是社会认知的核心。面对风险事件，情绪会影响人们的归因和社会推理，进而影响人们的判断和决策，而意见领袖道德情绪则通过情绪感染影响受众的情绪体验。

以上的研究表明，不管是意见领袖的积极道德情绪，还是消极道德情绪，大众风险感知在意见领袖道德情绪与组织污名之间起到部分中介作用。这也表明大众风险感知是导致组织污名的一个重要社会心理机制，同时这也印证了污名的社会控制功能。

本书通过两个研究对理论模型进行验证，研究一通过非法排污、品牌欺诈和产品安全事件三个系列情境实验对理论模型进行检验，基本上涵盖了主要的企业不道德行为类型，具有一定的典型代表意义。实验材料的呈现形式涵盖了短视频、文字和图片三种不同方式。被试涵盖了大学生、MBA 学员和工作微信群成员，尽量模拟了现实中的管理情境。综上，研究一通过不同的实验设计对理论模型进行验证，利用了不同的研究手段，并结合了不同的管理情境，充分验证了研究一的理论模型。研究二则在研究一的基础上，进一步运用"三星爆炸门"微博数据对理论模型进行验证，基于现实情境的二手数据的补充，进一步验证理论模型的普适性。同时对大众风险感知的中介效用进行检验，尽管研究二的混合道德情绪中相对积极的同情情绪所占比重较小，但也可能会稀释这种中介效用，这与研究一的结论相一致。

（二）结果讨论

学者认为情感在道德判断中起着重要的作用，Damasio 等（1990）的研究有力地证明了这点，他们认为，在道德情境中，人们并非是出于严密的理性思考做出自己的判断，而是做出道德判断之后再寻求合理的逻辑解释。Greene 和 Haidt（2002）在分析了道德判断的基础上得出结论，认为认知与情绪的整合最终形成道德判断。而 Haidt 提出的道德判断的五种基准理论，不仅突出了社会文化因素对道德发展的重要作用，同时还强调了进化的心理机制与面临的道德难题的相互作用对人类的道德信息加工的重要作用。

规避风险是人类的本能反应，也是人类在社会生活中"适者生存"的自然选择。人类在社会生活中总是会面对各种适应性的挑战，而只有那些能够适时掌握规律并善于应变的个体才能够生存。研究二选取了三种消极情绪：厌恶、愤怒和恐惧。在简单模型中，厌恶和愤怒被认为是相同的，同为人际关系所激发的潜在的负性情绪状态的同义词。在半分化模型中，依据攻击/接近和避免/撤回维度做进一步区分，厌恶和愤怒则处于维度的两极。在完全分化模型中，厌恶和愤怒被认为是完全不同的两种情绪，其中厌恶与神圣性的道德准则相对应，而愤怒与自主性的道德准则相对应。厌恶是人类的基本情绪之一，也是重要的道德情绪。多数心理学家们将厌恶分为生理层面的厌恶（核心厌恶）和社会层面的厌恶，而社会层面的厌恶主要由违背社会道德的事件所引起，情绪体验较为复杂。愤怒既是一种基本情绪，同时也是一种复合道德情绪，是个体在受到诸如攻击或侮辱等外界刺激时所引发的极度不满而导致的情绪体验，通常会伴随着更强的自我唤醒、强烈的防御或攻击等行为。

　　道德情绪的社会功能是对其进行区分的另一个视角，即基于情绪活动不同的社会目的来对道德情绪进行区分，通过社会活动行为可以推断出不同的道德情绪，进而做出一系列不同的行为、认知和动机方面的改变。对于组织不道德行为引发的风险事件，意见领袖通过设置不同的议题框架对事件进行不同的解读，并影响受众的情绪体验。面对风险带来的威胁，愤怒、厌恶和恐惧都是对其作出的回应。愤怒是应对风险带来的威胁的一种即时回应，同时也是基于对过往经历的判断，认为对预期可能带来的威胁应当予以回避。而厌恶的主要功能就是告知个体对于这些可能代表着威胁的行为应当予以回避，以免造成不必要的伤害。当受众感受到风险事件会带来直接威胁时，最直接快速的反应就是即刻的强烈防御和回击。当受众的卷入度不高时，消极回避可能是更有效并节约的手段。相对于其他负面情绪，愤怒往往以攻击的方式呈现，尽管这会带来更强的自我唤醒和行为活动。

　　学者发现，当被试能够对厌恶情绪进行清晰区分时，即区分出生理层面厌恶与社会层面厌恶，个体社会层面的厌恶会与所有其他形式的道德违背相关联，即厌恶与道德违背情境普遍联系，与其他负向情绪高度关联。在研究结论中这一点也得到了支持。在意见领袖的三种负向情绪中，厌恶对组织污名的影响是最大的。人类已进入风险社会，风险管理已成为日常生活的一部分。基于罗杰斯的防护动机理论，恐惧是意见领袖最常用的议程框架，面对风险事件带来的威胁时，通过诉诸于恐惧情绪框架而激发受众的风险感知。组织不道德行为引发的风险事件将潜在的风险因素转化成为现实的风险。尽管风险事件的危害程度、发生的可能性及讯息建议策略的有效性均会不同程度影响受众的认知评价，并最终决定受众态度的转变和采取的行为策略。

　　意见领袖道德情绪是基于道德判断的情绪反应，是个体自我意识的一种表现，而这种反应策略都是人们对环境自适应的一种反应。中国文化背景下，人们的社会判断过程往往是透过"事件"看"本质"。区别于西方文化中就事论事的相对客观准则，中国文化往往会将事件本身与行为主体的内部特质相联系。而对此作出的评价一方面基于个体内在的道德原则，另一方面则遵守其文化背景下的行为标准，从而对组织的行为或特性做出"好"或"坏"的评价。

对于组织污名而言，大众风险感知是一个比较重要的社会心理因素。人们时刻面临来自外界的威胁，来自污染的环境、变异的病毒和社会环境等。尤为可悲的是造成这些风险的根本原因是某些组织的不负责任的态度和行为，它们以牺牲社会大众的福祉来谋求自身利益。这种人为的风险因素本身又会激发大众对社会更为深切的不信任，加剧人类的风险感知。趋利避害是人类的本能，身处风险社会的人们面对人为制造的风险因素，会加剧这种风险感知，进一步激发对组织的质疑和不信任，因此，这种认知的偏差就会应运而生。尤为重要的是，在社交网络时代，资讯的发达、人类获取信息的便利、快节奏的生活和碎片化的阅读，使人们更加倾向寻求来自意见领袖的专业意见，以帮助自己做出判断和决策，因而意见领袖会在一定程度上影响大众对风险因素和风险事件的感知和判断，进而引发大众对组织内部特质的质疑，并给予组织消极评价。

二、理论意义

第一，本书最为重要的意义就是提出了基于组织污名主体研究的新视角。本书基于社会认知理论，提出了污名主体的视角，对于组织污名的研究是一个有益的补充。本书的主要目的就是阐释对于组织不道德行为，意见领袖将如何通过信息解读和观点传播影响社会大众对组织的评价。在组织污名研究中，学者大多基于污名客体（即被污名化组织）的视角进行研究，深入探讨组织所具有的某类不道德行为或特殊属性导致组织被污名化。尽管已有研究给了我们有益的启示，但仍然存在一个重要的问题，就是组织污名主体研究视角的缺失。对个体污名的研究虽然承认污名是社会建构的产物，但是都以个体的越轨特征作为研究基础和出发点，而组织污名的研究无一例外地延续了这种研究倾向，因此组织污名的研究一直聚焦于组织的自身行为或属性，这种研究无疑强化了组织污名形成过程中客体（即被污名化组织）单方面的作用。在个体污名的研究中，深受 Allport（1964）的偏见发生学的影响，认为污名客体是造成污名的根本原因。同样在组织污名的研究中，污名主体研究也一直处于缺失状态，或者被抽象为一般意义上的社会大众。这种对污名主体与客体研究关注的不对称的缺陷是显而易见的，污名主体研究的缺失，一方面，使得从社会制度和文化背景等更加宏观层面对组织污名形成进行探索受到了限制，另一方面，大大降低了从污名主体的视角对组织污名的应对策略进行探索的可能性。毋庸置疑，组织的不道德行为是客观的，也是组织污名化的一个重要前提条件，但是同样的组织行为却不一定会导致同样的污名化结果。意见领袖作为一类特殊的社会大众，既是信息的中介，又是观点的"播种机"，他们通过自身的影响力影响大众对组织的评价。组织污名研究的主体视角为研究提供了一个全新视角，对组织污名管理也是一个有益的补充。

第二，探讨了大众风险感知是组织污名形成的一个重要社会心理机制。一直以来，并没有对组织污名形成的社会心理机制做过深入研究，仅简单归因为对组织特质的道德推断和对组织行为的价值判断。Devers 等认为组织的行为与广泛意义上的价值相背离是组织污名形成的根本原因，这里充分强调了对组织行为的价值判断的重要性，但是却忽略了大众风险感知可能是另一个重要因素。趋利避害是人的天性，当人们感知到风险时，更易受到负面情绪的感染并形成群体情绪。尤其是人们日益依赖社交网络的今天，信息和观点迅速传播，但是即时信息分享和碎片化阅读会使人们更趋向于情绪驱动而非理性认知。本书将组织污名的形成纳入社会风险放大框架，结合风险即情绪和评价倾向模型对组织污名的形成进行探讨，情绪是社会大众风险感知的一个重要因素，不仅会影响人们的风险判断，同时也会影响人们的风险决策，而对组织给予负面评价就是社会大众规避风险的一种社会决策。因此，社会大众的风险感知是影响组织污名的另一个重要的社会心理机制。这一发现极大地丰富了组织污名研究领域，同时也为组织污名管理策略提供了新的思路。

第三，对于社会风险放大框架是一个有益的补充。尽管 Kasperson 分析指出这个框架假设包含了四个作用机制，分别是公众感知和价值观、社会群体关系、信号值、污名化，但是并没有对每一种作用机制进行深入探讨。学者大多关注诸如转基因或核应用这类具有较高技术含量的社会风险导致的污名化，而对于组织风险事件的污名化则很少关注。而意见领袖作为重要的个体风险放大站的作用也没有来自实证的研究成果，因此，本书对于探讨社会风险放大框架的作用机制是一个有益的拓展。

三、实践意义

（一）利用放大框架降低公众的社会风险感知

对于组织污名而言，大众风险感知是一个比较重要的社会心理因素。人类社会已进入风险社会，人们时刻面临来自外界的威胁，污染的环境、来自变异的病毒和社会环境等。尤为可悲的是造成这些风险的根本原因是某些组织的不负责任的态度和行为，它们以牺牲社会大众的福祉来谋求自身利益。这种人为的风险因素本身又会激发大众对社会更为深切的不信任，加剧人类的风险感知。趋利避害是人类的本能，身处风险社会的人们面对人为制造的风险因素，会加剧这种风险感知，进一步激发对组织的质疑和不信任，因此，这种认知的偏差就会应运而生。尤为重要的是，在社交网络时代，资讯的发达、人类获取信息的便利、快节奏的生活和碎片化的阅读，使人们更加倾向于寻求来自意见领袖的专业解读，以帮助自己做出判断和决策，因而意见领袖会在一定程度上影响大众对风险因素和风险事件的感知和判断，进而引发大众对组织内部特质的质疑，并给予组织消极评价。

尽管 Kasperson 分析指出这个框架假设包含了四个作用机制，分别是公众感知和价值观、社会群体关系、信号值、污名化，但是并没有对每一种作用机制进行深入探讨。学者大多关注诸如转基因或核应用这类具有较高技术含量的社会风险导致的污名化，而对于组织风险事件的污名化则很少关注。而意见领袖作为重要的个体风险放大站的作用也没有来自实证的研究成果，因此，本书进一步拓展了对社会风险放大框架的作用机制的探讨。风险的社会放大框架，是指实际风险与感知风险之间的偏离，风险既可能通过社会反应机制被放大，也可能通过这一机制被缩小。组织的不当行为一旦被个别外部利益相关者发现并识别，很容易通过社交网络被传播。当专家与意见领袖对组织行为的信息解读存在着分歧时，有争议的信息流会调动民众的"潜在恐惧"，此时，强化对意见领袖的服务意识，及时进行信息沟通，努力弥补分歧，能够降低公众的恐慌。王澍贤和陈福集（2016）研究结果表明，意见领袖、受众和政府之间是相互作用和影响的，基于此，企业在管理危机事件时，可以与意见领袖进行良好的信息沟通，可以通过增加意见领袖的收益，以及降低其压力和转发成本的方式，促进意见领袖的转发行为。当组织行为引发了社会风险，为了提高社交网络媒体环境下组织风险沟通的有效性，必须重点关注这些有影响力的"关键节点"。网络社交用户的主要动机是获取信息、参与讨论和扩大影响力，以实现获取信息支持和情感支持的目的。而位于社会网络中心位置的意见领袖对普通大众具有巨大的影响力，通过他们设置的议程框架可以引导大众更趋向于理性认知，尽量避免消极情绪导致的风险放大效应，有利于组织避免或减少污名化。

（二）将情绪管理纳入危机管理

本书探讨了大众风险感知是组织污名形成的一个重要社会心理机制。一直以来，并没有对组织污名形成的社会心理机制做过深入研究，仅简单归因为对组织特质的道德推断和对组织行为的价值判断。Devers 等认为组织的行为与广泛意义上的价值相背离是组织污名的根本原因，这里充分强调了对组织行为的价值判断的重要性，但是却忽略了大众风险感知可能是另一个重要因素。组织本身就是一个复杂存在，组织污名亦是一个多维概念。趋利避害是人的天性，当大众面对风险时，更易受情绪的传染。尤其是人们日益依赖社交网络的今天，信息和观点的迅速传播已成为常态，但是即时信息分享和碎片化阅读会使人们更趋向于情绪驱动而非理性认知。本书将组织污名的形成纳入社会风险放大框架，结合风险即情绪和评价倾向模型对组织污名的形成进行探讨，情绪是社会大众风险感知的一个重要因素，不仅会影响人们的风险判断，同时也会影响人们的风险决策，而对组织给予负面评价就是社会大众规避风险的一种社会决策。因此，社会大众的风险感知是影响组织污名的另一个重要的社会心理机制。本书的这一发现拓展了组织污名研究的新思路，同时也丰富了组织污名管理策略。公众对组织不道德行为的责任归因，即污名的可控性维度，是受公众的情绪状态影响的。当公众认为组织行为可控性越高时，公众的负面情绪体验就越强烈；相反，可控性越低，公众的积极情绪也就越强烈。研究结果也显示，情绪会影响公众对组织的评价，当公众处于积极情绪状态时，对组织持肯定态度；反之，当公众处于消极情绪状态时，对组织持否定态度。学者也认为对危机事件中的公众情绪进行测量是很有必要的，因为这对于理解情绪反应和危机事件的紧密联系是极其重要的，也有利于组织根据受众情绪做出最有说服力的回应和制订有效的管理策略。Jin 等（2007）也认为应当把以情绪为基础的观点整合进以受众为中心的方法中。研究结果也显示，特定的情绪会导致受众对组织的不同评价，因此，这一点对于组织的危机管理具有重要的参考和指导意义。

总之，多管齐下，通过多种形式制订综合的组织污名管理策略才能够最大限度地降低公众的风险感知，减少对组织的负面评价。

附 录

附录一
情绪强度对组织污名影响的检验

亲爱的朋友：

您好！感谢您的参与。本次调查是匿名进行，请您仔细阅读每个问题，快速填写出您真实的想法，所收集的资源仅用于科学研究，对您提供的信息将予以严格保密。

对于您给予的帮助和配合，再次表示万分感谢！

（一）对照组

某企业向腾格里沙漠排放生产污染物。

（二）消极情绪相对较低组

（a）消极情绪相对较低组截图1　　　　　（b）消极情绪相对较低组截图2

附图1　消极情绪截图（强度较低组）

请您认真观看以上内容，并根据回忆快速写出最令人深刻的三个词。

_____ _____ _____

（三）消极情绪相对较高组

（a）消极情绪相对较高组截图1　　　　（b）消极情绪相对较高组截图2

附图 2　消极情绪截图（强度较高组）

1. 请您认真观看以上内容，并根据回忆快速写出最令人深刻的五个词。

_____ _____ _____ _____

2. 请写出您对该企业的评价，以下题目中，1 代表非常同意左边选框中的概念，7 代表非常同意右边选框中的概念。

附表 1　评价矩阵量表

	1	2	3	4	5	6	7	
大公无私								唯利是图
社会责任缺失								尽职尽责
道德								不道德
欺诈								诚信
诚实								虚伪
冷漠								热情

3. 假如要面对该企业的行为，您会有怎样的情绪体验？以下题目中，1

代表非常同意左边选框中的概念，7代表非常同意右边选框中的概念。

附表 2　情绪体验矩阵量表

	1	2	3	4	5	6	7	
失望								满足
快乐								愤怒
喜欢								厌恶
反感								好感
热爱								痛恨

4. 假如要面对该企业的行为，您会有怎样的行为反应？以下题目中，1代表非常同意左边选框中的概念，7代表非常同意右边选框中的概念。

附表 3　行为反应矩阵量表

	1	2	3	4	5	6	7	
信任								质疑
排斥								吸引
接受								拒绝
支持								抵制

5. 您是否关注生产过程中的污染情况？以下题目中，1代表非常同意左边选框中的概念，7代表非常同意右边选框中的概念。

附表 4　关注度矩阵量表

	1	2	3	4	5	6	7	
完全不投入								完全投入
毫无兴趣								非常有兴趣
不是特别积极								非常积极
没有特别专注								非常专注
不是很在意								非常在意

6. 您的性别是（　　）。

（1）男

（2）女

7. 您的年龄是（　　）。

（1）17～25岁

（2）26～35岁

（3）36～45岁

（4）45岁以上

8. 请判断您的认知方式是场依存型还是场独立型？根据下图，在较复杂的图形中用铅笔勾画出镶嵌或隐蔽在其中的简单图形。若能迅速、容易知觉到指定的简单图形者为场独立型；而完成该项任务较为困难者为场依存型。（　　）

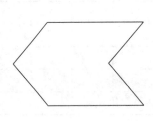
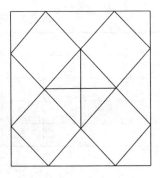

（1）场独立型

（2）场依存型

附录二
道德情绪强度及类型的主效应及
大众风险感知的中介效应检验

亲爱的朋友：

您好！感谢您的参与。本次调查是匿名进行，请您仔细阅读每个问题，快速填写出您真实的想法，所收集的资源仅用于科学研究，对您提供的信息将予以严格保密。

对于您给予的帮助和配合，再次表示万分感谢！

（一）积极情绪相对较低组

家具身份被指造假

"据报道某高端家具品牌被指身份造假。上海市工商局介入调查并发布公告，初步发现并认定该公司主要有三大问题：一是涉嫌虚假宣传，宣传时使用了诸如最大、顶级品牌、最高等绝对用语。二是部分家具产品被判定不合格。三是大部分家具产品标志不规范，没有标明出产地和材质，按照国家相关规定，应该标明具体使用什么材质。最后该厂家向消费者承诺将承担换货或退货的法律责任，并接受中国政府相关部门依法作出的行政处罚。"

请您认真阅读以上内容，并根据回忆快速写出最令人深刻的三个词语。

————————　————————　————————

（二）消极情绪相对较低组

家具"洋品牌"身份被指造假

"据报道某高端家具品牌被指身份造假。销售人员称他们所售家具是100%意大利生产的'国际超级品牌'，使用的原料是没有污染的'天然的高品质原料'。然而，经记者调查发现，这些天价家具有相当一部分不是产自意大利而是广东东莞，所用原料不是名贵实木而是高分子树脂材料。经过检测，消费者购买的家具甚至被检测判定为不合格产品。该事件曝光后，引起消费者的强烈不满，因为它不但伤害了消费者的权益，同时也摧毁了消费者对商业诚信的信任。最后该厂家迫于压力向消费者承诺将承担换货或退货的法律责任，并接受中国政府相关部门依法作出的行政处罚。"

请您认真阅读以上内容，并根据回忆快速写出最令人深刻的三个词语。

———————— ———————— ————————

（三）积极情绪相对较高组

家具身份被指造假

"据报道某高端家具品牌被指身份造假。该公司已声称开展内部清查整顿工作，并表示正在积极配合有关部门核实情况，媒体对公司的质疑主要集中在某些产品产地标注问题、质量问题以及不规范宣传问题。最后该厂家表示将依照相关法律法规承担责任，绝不推卸，并向消费者承诺将承担换货或退货的法律责任，并接受中国政府相关部门依法作出的行政处罚。"

请您认真阅读以上内容，并根据回忆快速写出最令人深刻的三个词语。

———————— ———————— ————————

（四）消极情绪相对较高组

天价家具"洋品牌"身份被指造假

"据报道以价格昂贵著称的某高端家具品牌被指身份造假。销售人员称他们所售家具是100%意大利生产的'国际超级品牌'，使用的原料是没有污染的'天然的高品质原料'。然而，经记者调查发现，这些天价家具有相当一部分不是产自意大利而是广东东莞，所用原料不是名贵实木而是高分子树脂材料。经过检测，消费者购买的家具甚至还被检测判定为不合格产品。该家具假冒'洋品牌'和欺骗消费者的行为，性质极其恶劣，不仅使公司失去信誉，更失去消费者的信赖，这种造假行为令人发指！最后该厂家迫于压力向消费者承诺将承担换货或退货的法律责任，并接受中国政府相关部门依法作出的行政处罚。"

1. 请您认真阅读以上内容，并根据回忆快速写出最令人深刻的三个词语。

———————— ———————— ————————

2. 总的来说，如果您购买该产品，您认为您可能会遭到的损失。

请写下 0~100 的数字，代表对该问题的同意程度，最大为 100，表示完全同意，最小为 0，表示完全不同意。

完全不同意————————————————————————完全同意

3. 总的来说，该产品或该事件将被证实对环境、对您自己和您的亲朋好友是有害的。

完全不同意————————————————————————完全同意

4. 总的来说，该产品或该事件对环境、对您自己，以及您的亲朋好友都会有相当大的风险。

完全不同意————————————————————————完全同意

附录三
道德情绪细粒化的主效应及
大众风险感知的中介效应检验

亲爱的朋友：

您好！感谢您的参与。本次调查是匿名进行，请您仔细阅读每个问题，快速填写出您真实的想法，所收集的资源仅用于科学研究，对您提供的信息将予以严格保密。

对于您给予的帮助和配合，再次表示万分感谢！

附图3 材料图片

（一）同情（低）

笔记本爆炸，厂家宣布召回

据报道某品牌笔记本发生爆炸事故，该品牌笔记本一直以安全可靠性能良好著称，尤其是新推出的这款更被业界寄予厚望。然而，这起意想不到的事故打破了厂家的美好预期，幸运的是消费者大多认为发生这样的事故纯属意外，表示仍会一如既往地支持该品牌。目前该款笔记本大概卖出了40万台，经调查证实其电池存在安全问题，公司称会对该型号产品进行召回。

请您认真阅读以上内容，并根据回忆快速写出最令人深刻的五个词语。

——————— ——————— ——————— ———————

（二）同情（高）

笔记本爆炸，厂家宣布召回

据报道某品牌笔记本发生爆炸事故，该品牌笔记本一直以安全可靠性能良好著称，尤其是新推出的这款更被业界寄予厚望。消费者大多认为发生这样的事故纯属意外。目前该款笔记本大概卖出了40万台，经调查证实其电池存在安全问题，公司称会对该型号产品进行召回。

请您认真阅读以上内容，并根据回忆快速写出最令人深刻的三个词语。

_____　_____　_____

（三）恐惧（低）

笔记本爆炸，厂家宣布召回

据报道某品牌笔记本在使用过程中发生爆炸，目前已有50余起燃烧事故发生，其中26起致伤。该消息一经公布，用户纷纷表示担心。目前该款笔记本大概卖出了40万台，经调查证实其电池存在安全问题，公司称会对该型号产品进行召回。

请您认真阅读以上内容，并根据回忆快速写出最令人深刻的三个词语。

_____　_____　_____

（四）恐惧（高）

笔记本爆炸连连，厂家宣布召回

据报道某品牌笔记本在使用过程中突然起火发生爆炸，目前累计已有50余起燃烧事故发生，其中26起致伤。该消息一经公布，用户纷纷表示担心。相关部门也强调该款笔记本已成为高危产品，用户需提高警惕。目前该款笔记本大概卖出了40万台，经调查证实其电池存在安全问题，公司称会对该型号产品进行召回。

请您认真阅读以上内容，并根据回忆快速写出最令人深刻的三个词语。

_____　_____　_____

（五）厌恶（低）

笔记本爆炸，厂家宣布召回

据报道某品牌笔记本发生爆炸事故，厂商就该事件发表声明，称将对用户进行无偿维修及更换电池。这引发了消费者的反感，认为这是漠视消费者权益的欺诈行为，要为他们的傲慢态度道歉。目前该款笔记本大概卖出了 40 万台，经调查证实其电池存在安全问题，公司称会对该型号产品进行召回。

请您认真阅读以上内容，并根据回忆快速写出最令人深刻的三个词语。

——————— ——————— ———————

（六）厌恶（高）

笔记本爆炸，厂家宣布召回

据报道某品牌笔记本发生爆炸事故导致用户受伤，该用户表示要求赔偿相关损失并追究厂商责任。厂商这种有恃无恐的虚伪行为引发了消费者的鄙视。消息一经散布，就引发了消费者反感，认为这是漠视消费者权益的欺诈行为，要为他们的傲慢态度道歉。目前该款笔记本大概卖出了 40 万台，经调查证实其电池存在安全问题，公司称会对该型号产品进行召回。

请您认真阅读以上内容，并根据回忆快速写出最令人深刻的五个词语。

——————— ——————— ——————— ———————

（七）愤怒（低）

笔记本爆炸，厂家宣布召回

据报道某品牌笔记本发生爆炸事故导致用户受伤，该用户表示要求赔偿相关损失并追究厂商责任。该消息一经公布，大家纷纷表示愤慨，要求厂家召回全部产品，否则将上诉到底。目前该款笔记本大概卖出了 40 万台，经调查证实其电池存在安全问题，公司称会对该型号产品进行召回。

请您认真阅读以上内容，并根据回忆快速写出最令人深刻的三个词语。

——————— ——————— ———————

（八）愤怒（高）

笔记本爆炸，厂家宣布召回

据报道某品牌笔记本发生爆炸事故导致用户受伤，该用户表示要求赔偿相关损失并追究厂商责任。该消息一经公布，大家纷纷表示愤慨，怒斥厂商产品安全管控行为，并对此表示抗议，愤然向有关部门举报。用户一致要求厂家召回全部产品，否则将上诉到底。目前该款笔记本大概卖出了40万台，经调查证实其电池存在安全问题，公司称会对该型号产品进行召回。

　　请您认真阅读以上内容，并根据回忆快速写出最令人深刻的五个词语。

————————　————————　————————　————————　————————

参考文献

［1］贝克.自由与资本主义［M］.杭州：浙江人民出版社，2001.

［2］蔡宁，宋程成，吴敏慧.非营利组织污名及其形成机制研究［J］.社会学评论，2014，2（2）：19-27.

［3］陈晓东.基于情感词典的中文微博情感倾向分析研究［D］.武汉：华中科技大学硕士学位论文，2012.

［4］陈英和，白柳，李龙凤.道德情绪的特点、发展及其对行为的影响［J］.心理与行为研究，2015，13（5）：627-636.

［5］陈远，刘欣宇.基于社会网络分析的意见领袖识别研究［J］.情报科学，2015（4）：13-19.

［6］初琦，张晓宇.试从新闻价值标准看新闻叙事框架的意识形态属性［J］.东南传播，2007（4）：44-45.

［7］樊建锋，杨文，田志龙.消费者感知的行业污名维度：一个探索实证研究［J］.当代经济管理，2011，33（5）：28-33.

［8］方杰，温忠麟，张敏强.类别变量的中介效应分析［J］.心理科学，2017（2）：471-477.

［9］傅超，吉利.诉讼风险与公司慈善捐赠——基于"声誉保险"视角的解释［J］.南开管理评论，2017，20（2）：108-121.

［10］高恩新.互联网公共事件的议题建构与共意动员——以几起网络公共事件为例［J］.公共管理学报，2009，6（4）：96-104.

［11］高文珺，陈浩.网络集体行动认同情绪模型的理论构想［J］.华中师范大学学报（人文社会科学版），2014（2）：167-176.

［12］葛涛，夏志杰，薛传业.微博意见领袖的特征对网络舆情传播的影响［J］.上海工程技术大学学报，2015，29（2）：169-174.

［13］管健.污名的概念发展与多维度模型建构［J］.南开学报（哲学

社会科学版），2007（5）：126-134.

[14] 郭金华. 污名研究：概念、理论和模型的演进 [J]. 学海，2015（2）：99-109.

[15] 郭勇陈，沈洋，马静，等. 基于意见领袖的网络论坛舆情演化多主体仿真研究 [J]. 情报杂志，2015（2）：13-21.

[16] 韩运荣，高顺杰. 微博舆论中的意见领袖素描———一种社会网络分析的视角 [J]. 新闻与传播研究，2012（3）：61-69.

[17] 何跃，邓唯茹，张丹. 中文微博的情绪识别与分类研究 [J]. 情报杂志，2014（2）：136-139.

[18] 胡爱军，李宁，李春华，等. 从系统动力学的视角看风险的本质与分类 [J]. 自然灾害学报，2008（1）：39-43.

[19] 胡百精. 风险社会、对话主义与重建现代性："非典"以来中国公共关系发展的语境与路径 [J]. 国际新闻界，2013（5）：6-15.

[20] 黄益方. 创新扩散中的意见领袖研究——以四川大学学生微信使用情况为例 [J]. 新闻世界，2014（8）：254-255.

[21] 季丹，郭政. 网络意见领袖对危机信息传播效果的影响因素研究 [J]. 情报杂志，2015（2）：22-27.

[22] 江炎骏. 企业捐赠的伤害保险效应研究 [J]. 管理学报，2013（4）：612-618.

[23] 姜启军，苏勇. 基于社会责任的食品企业危机管理 [M]. 上海：格致出版社，2010.

[24] 焦德武. 微博舆论中公众情绪形成与传播框架分析——以"临武瓜农之死"为例 [J]. 江淮论坛，2014，267（5）：25-31.

[25] 井淼，周颖. 产品伤害危机中危机反应策略对品牌资产的影响——基于企业社会责任的视角 [J]. 工业工程与管理，2013（2）：122-130.

[26] 赖凯声. 大众网络情绪与中国股市的相关性探究 [D]. 天津：南开大学硕士学位论文，2013.

[27] 乐国安，董颖红. 情绪的基本结构：争论、应用及其前瞻 [J]. 南开学报（哲学社会科学版），2013（1）：140-150.

[28] 乐晓磊. 媒体狂欢的多视角观察——中国媒体娱乐化趋势冷观热议 [J]. 新闻记者，2007（4）：48-51.

[29] 雷宏振，丁婉娟. 意见领袖的信息特征对受众信息传播效果的影响

研究——基于情景模拟的行为实验 ［J］. 现代情报, 2015, 35（9）: 28-33.

　　［30］李彪. 微博意见领袖群体"肖像素描"——以 40 个微博事件中的意见领袖为例 ［J］. 新闻记者, 2012（9）: 19-25.

　　［31］李强, 高文珺, 许丹. 心理疾病污名形成理论述评 ［J］. 心理科学进展, 2008, 16（4）: 582-589.

　　［32］李宇, 王沛, 孙连荣. 中国人社会认知研究的沿革、趋势与理论建构 ［J］. 心理科学进展, 2014, 22（11）: 1691-1707.

　　［33］李占星, 朱莉琪. 不同情境中情绪预期对青少年道德决策的影响 ［J］. 心理科学, 2015（6）: 1377-1383.

　　［34］李占星, 朱莉琪. 道德情绪判断与归因: 发展与影响因素 ［J］. 心理科学进展, 2015（6）: 990-999.

　　［35］林崇德, 张文新. 认知发展与社会认知发展 ［J］. 心理发展与教育, 1996（1）: 50-55.

　　［36］刘丛, 谢耘耕, 万旋傲. 微博情绪与微博传播力的关系研究——基于 24 起公共事件相关微博的实证分析 ［J］. 新闻与传播研究, 2015（9）: 92-106.

　　［37］刘国雄, 方富熹. 关于儿童道德情绪判断的研究进展 ［J］. 心理科学进展, 2003（1）: 55-60.

　　［38］刘洪涛, 陈慧, 方辰, 等. 微博意见领袖对微博信息传播的影响研究 ［J］. 情报科学, 2015（12）: 51-55.

　　［39］刘丽群, 仇玲. 风险沟通的传播互动视角 ［J］. 前沿, 2013（6）: 8-10.

　　［40］刘颖, 时勘. 艾滋病污名的形成机制、负面影响与干预 ［J］. 心理科学进展, 2010（1）: 123-131.

　　［41］刘章蓉. 论微博在大众传播领域的文化学意义 ［J］. 东南传播, 2011（9）: 128-130.

　　［42］卢东, Samart Powpaka, 寇燕. 基于消费者视角的企业社会责任归因 ［J］. 管理学报, 2010, 7（6）: 861-867.

　　［43］卢东, Samart Powpaka. 消费者对企业社会责任行为的评价研究——基于期望理论和归因理论的探讨 ［J］. 管理评论, 2010（12）: 70-78.

　　［44］芦何秋, 杨泽亚. 公共事件中微博意见领袖的话语策略与文本框架——基于新浪微博的实证研究 ［J］. 湖北大学学报（哲学社会科学版）,

2013（5）：142-147.

[45] 罗坤瑾. 微博公共事件与社会情绪共振研究文献综述 [J]. 学术论坛, 2013（10）：80-85.

[46] 罗宜虹, 孙玉红. 微博意见领袖的产生、角色、类型分析——以新浪微博为例 [J]. 传播与版权, 2014（9）：84-86.

[47] 马尔科姆·格拉德威尔. 引爆点：如何制造流行 [M]. 北京：中信出版社, 2009.

[48] 马虹, 李杰. 社会责任投资的避险效应和预期误差效应——基于产品市场竞争的视角 [J]. 中国工业经济, 2015（3）：109-121.

[49] 马宁, 田儒雅, 刘怡君, 等. 基于动态网络分析（DNA）的意见领袖识别研究 [J]. 科研管理, 2014（8）：83-92.

[50] 孟博, 刘茂, 李清水, 等. 风险感知理论模型及影响因子分析 [J]. 中国安全科学学报, 2010, 20（10）：59-66.

[51] 欧文·戈夫曼. 污名：受损身份管理札记 [M]. 北京：商务印书馆, 2009.

[52] 欧阳纯萍, 阳小华, 雷龙艳, 等. 多策略中文微博细粒度情绪分析研究 [J]. 北京大学学报（自然科学版）, 2014, 50（1）：67-72.

[53] 庞磊, 李寿山, 周国栋. 基于情绪知识的中文微博情感分类方法 [J]. 计算机工程, 2012, 38（13）：156-158+162.

[54] 庞丽娟, 田瑞清. 儿童社会认知发展的特点 [J]. 心理科学, 2002（2）：144-147+252.

[55] 彭兰. 微博话语权力格局的现实图画 [J]. 人民论坛, 2013（10）：56-57.

[56] 彭明, 张雷. 厌恶情绪影响道德判断的发展研究 [J]. 心理科学, 2016（5）：1110-1115.

[57] 戚平平, 刘亮, 苏乃洲, 等. 我国水体突发性污染事故不完全统计分析 [J]. 济南大学学报（自然科学版）, 2014, 28（5）：335-341.

[58] 沈红娟. 悲情与戏谑：多媒体环境下网络事件中的情感动员 [J]. 现代视听, 2013（5）：59-61.

[59] 石荣丽, 吕政宝. 组织污名及其相关研究述评 [J]. 科技进步与对策, 2010, 27（11）：157-160.

[60] 时勘. 我国灾难事件和重大事件的社会心理预警系统研究思考

［J］. 管理评论，2003（4）：18-22+63.

［61］宋佳，孙宇科. 微媒体舆情传播中敌意媒体感知与人为风险引导——基于认知传播视角的分析［J］. 当代传播，2017（3）：77-78+81.

［62］孙壮珍. 微信时代风险信息的传播与感知——以山东"问题"疫苗事件为例［J］. 重庆邮电大学学报（社会科学版），2018（1）：137-142.

［63］谭文娇，王志艳，孟维杰. 道德情绪研究十年：回顾与展望［J］. 心理研究，2012，5（6）：3-7.

［64］汤景泰，巫惠娟. 风险表征与放大路径：论社交媒体语境中健康风险的社会放大［J］. 现代传播（中国传媒大学学报），2016，38（12）：15-20.

［65］田虹，袁海霞. 企业社会责任匹配性何时对消费者品牌态度更重要——影响消费者归因的边界条件研究［J］. 南开管理评论，2013，16（3）：101-108.

［66］汪兴东. 产品伤害危机中修复策略适配性对品牌形象评价的影响——时间距离与企业声誉的调节作用［J］. 经济管理，2013（11）：93-105.

［67］汪兴东，景奉杰，涂铭. 产品伤害事件中顾客反应的形成机制——基于门户网站帖子的扎根研究［J］. 管理评论，2013，25（9）：148-157.

［68］汪祚军，侯怡如，匡仪，等. 群体共享情绪的放大效应［J］. 心理科学进展，2017，25（4）：662-671.

［69］汪祚军，李纾. 不确定性决策违背"确定事件原则"的心理机制再探［J］. 应用心理学，2012，18（1）：24-31.

［70］王锋. 当代风险感知理论研究：流派、趋势与论争［J］. 北京航空航天大学学报（社会科学版），2013，26（3）：18-24.

［71］王国华，魏程瑞，钟声扬，等. 微博意见领袖的网络媒介权力之量化解读及特征研究——基于社会网络分析的视角［J］. 情报杂志，2015（7）：117-124+70.

［72］王国华，张剑，毕帅辉. 突发事件网络舆情演变中意见领袖研究——以药家鑫事件为例［J］. 情报杂志，2011，30（12）：1-5.

［73］王佳敏，吴鹏，陈芬，等. 突发事件中意见领袖的识别和影响力实证研究［J］. 情报学报，2016，35（2）：169-176.

［74］王君泽，王雅蕾，禹航，等. 微博客意见领袖识别模型研究

［J］．新闻与传播研究，2011（6）：81-88+111.

［75］王沛，林崇德．社会认知的理论模型综述［J］．心理科学，2002（1）：73-75.

［76］王澎贤，陈福集．意见领袖参与下微博舆情演化的三方博弈分析［J］．图书馆学研究，2016（1）：19-25.

［77］王平，谢耘耕．突发公共事件中微博意见领袖的实证研究——以"温州动车事故"为例［J］．现代传播（中国传媒大学学报），2012，34（3）：82-88.

［78］王世泓，牛耘．基于情绪强度的中文微博情绪分析［J］．计算机技术与发展，2015（6）：137-140.

［79］王雅奇．网络民意中的情绪与理性［J］．北京邮电大学学报（社会科学版），2010，12（6）：17-22.

［80］王志涛，於志文，郭斌，等．基于词典和规则集的中文微博情感分析［J］．计算机工程与应用，2015，51（8）：218-225.

［81］魏景霞．意见领袖对微博舆论的影响机制——基于社会网模型的分析［J］．新闻界，2013（7）：42-46.

［82］魏志惠，何跃．基于信息熵和未确知测度模型的微博意见领袖识别——以"甘肃庆阳校车突发事件"为例［J］．情报科学，2014（10）：38-43.

［83］温忠麟，叶宝娟．中介效应分析：方法和模型发展［J］．心理科学进展，2014，22（5）：731-745.

［84］伍麟，张璇．风险感知研究中的心理测量范式［J］．南京师范大学学报（社会科学版），2012（2）：95-102.

［85］谢世忠．认同的污名：台湾原住民的族群变迁［M］．台北：自立晚报社，1987.

［86］谢熹瑶，罗跃嘉．道德判断中的情绪因素——从认知神经科学的角度进行探讨［J］．心理科学进展，2009，17（6）：1250-1256.

［87］谢晓非，徐联仓．一般社会情境中风险认知的实验研究［J］．心理科学，1998（4）：3-5.

［88］谢晓非，郑蕊，谢冬梅，等．SARS中的心理恐慌现象分析［J］．北京大学学报（自然科学版），2005（4）：628-639.

［89］杨长春，王天允，叶施仁．微博意见领袖舆情危机管理能力评判体系研究——基于危机生命周期视角［J］．情报科学，2016，34（6）：19-25.

［90］杨喆，冯强．微博研究回顾：主题、理论与方法——对6份CSS-CI新闻传播类期刊相关文献的定量分析（2010～2012）［J］．广东社会科学，2013（4）：210-216.

［91］姚源林，王树伟，徐睿峰，等．面向微博文本的情绪标注语料库构建［J］．中文信息学报，2014，28（5）：83-91.

［92］叶勇豪，许燕，朱一杰，等．网民对"人祸"事件的道德情绪特点——基于微博大数据研究［J］．心理学报，2016，48（3）：290-304.

［93］于美娜，钟新．微博意见领袖的舆论影响力现状及原因分析——以新浪微博环境传播为例［J］．现代传播（中国传媒大学学报），2015，37（8）：132-136.

［94］余伟萍，王春娅，段桂敏．丑闻后慈善捐助匹配度对品牌形象的修复机理——利他性动机认知的中介作用与感知质量的调节作用［J］．商业经济与管理，2014（9）：61-70.

［95］郁耀闯，周旗，徐春迪．不同地貌类型区农村居民的灾害感知差异分析——以陕西省宝鸡地区为例［J］．安徽农业科学，2008（32）：14255-14257+14259.

［96］袁海霞，田虹．企业慈善捐赠对消费者品牌态度的影响——匹配性与亲和力的调节效应研究［J］．管理评论，2015，27（12）：110-119.

［97］岳童，王晓刚，黄希庭．心理疾病自我污名：心理康复的一个高危因子［J］．心理科学进展，2012，20（9）：1448-1456.

［98］云薏霏，刘希平，陈世平．情绪在危机新闻框架和团体危机回应中的作用［J］．心理学报，2017，49（6）：814-828.

［99］曾鹏，罗观翠．集体行动何以可能？——关于集体行动动力机制的文献综述［J］．开放时代，2006（1）：112-125+162.

［100］张爱卿．归因理论研究的新进展［J］．教育研究与实验，2003（1）：38-41.

［101］张爱卿，李文霞，钱振波．从个体印象管理到组织印象管理［J］．心理科学进展，2008（4）：631-636.

［102］张斌，徐琳，刘银国．组织污名研究述评与展望［J］．外国经济与管理，2013，35（3）：64-72.

［103］张栋凯，齐佳音．基于微博的企业突发危机事件网络舆情的股价冲击效应［J］．情报杂志，2015（3）：132-137+149.

［104］张晶，朱波，梁琳琳，等．基于情绪因子的中文微博情绪识别与分类［J］．北京大学学报（自然科学版），2014，50（1）：79-84.

［105］张少群，魏晶晶，廖祥文，等．Twitter 中的情绪传染现象［J］．山东大学学报（理学版），2016（1）：71-76+122.

［106］张孝廷．环境污染、集体抗争与行动机制：以长三角地区为例［J］．甘肃理论学刊，2013（2）：21-26.

［107］张星，魏淑芬，王莉，等．危机事件中的微博意见领袖影响因素实证研究［J］．情报学报，2015（1）：66-75.

［108］张彦彦，陈浩．西方道德心理学研究新进展：道德判断的五基准理论［J］．道德与文明，2009（6）：28-31+90.

［109］赵鼎新．社会与政治运动讲义［M］．北京：社会科学文献出版社，2012.

［110］赵东伟．道德情绪：厌恶、愤怒情绪在道德判断中的区分［J］．法制与社会，2012（14）：268-269.

［111］赵占恒，余伟萍，王春娅．基于内容分析法的丑闻后企业社会责任特征研究［J］．经济经纬，2015（3）：102-107.

［112］郑昊敏，温忠麟，吴艳．心理学常用效应量的选用与分析［J］．心理科学进展，2011，19（12）：1868-1878.

［113］周而重，钟宁，黄佳进．基于意见领袖引导作用的网络舆论演化研究［J］．计算机科学，2013，40（11）：287-290.

［114］周晓林，于宏波．社会情绪与社会行为的脑机制［J］．苏州大学学报（教育科学版），2015（1）：37-47.

［115］朱卫未，王海琴．基于社会网络和偏好排序的意见领袖识别方法研究——以"阿里平台为云南鲁甸募捐"为例［J］．情报杂志，2015（6）：104-108+125.

［116］Agar M. , Douglas M. , Wildavsky A. Risk and Culture［J］. Anthropological Quarterly, 1983, 56（2）：102.

［117］Altheide D. L. Creating Fear：News and the Construction of Crisis［M］. New York：Aldine de Gruyter, 2002.

［118］Attig N. , Boubakri N. , EI Ghoul S. , et al. Firm Internationalization and Corporate Social Responsibility［J］. Journal of Business Ethics, 2016, 134（2）：171-197.

[119] Becker-Olsen K. L. , Cudmore B. A. , Hill R. P. The Impact of Perceived Corporate Social Responsibility on Consumer Behavior [J]. Journal of Business Research, 2006, 59 (1): 46-53.

[120] Berger J. A. , Milkman K. L. What Makes Online Content Viral? [J]. Journal of Marketing Research, 2009, 49 (2): 192-205.

[121] Berg L. S. Risk Perception, Emotion and Policy: The Case of Nuclear Technology [J]. European Review, 2003, 11 (1): 109-128.

[122] Bodenhausen G. V. , Sheppard L. A. , Kramer G. P. Negative Affect and Social Judgment: The Differential Impact of Anger and Sadness [J]. European Journal of Social Psychology, 1994, 24 (1): 45-62.

[123] Bollen J. , Pepe A. , Mao H. Modeling Public Mood and Emotion: Twitter Sentiment and Socio-Economic Phenomena [J]. Biochemical Pharmacology, 2010, 44 (12): 2365-2370.

[124] Carberry E. J. , King B. G. Defensive Practice Adoption in the Face of Organizational Stigma: Impression Management and the Diffusion of Stock Option Expensing [J]. Journal of Management Studies, 2012, 49 (7): 1137-1167.

[125] Cavanaugh L. A. , Bettman J. R. , Luce M. F. , et al. Appraising the Appraisal - Tendency Framework [J]. Journal of Consumer Psychology, 2007, 17 (3): 169-173.

[126] Chapman H. A. , Anderson A. K. Things Rank and Gross in Nature: A Review and Synthesis of Moral Disgust [J]. Psychological Bulletin, 2013, 139 (2): 300-327.

[127] Chatterjee P. Drivers of New Product Recommending and Referral Behavior at Social Network Sites [J]. International Journal of Advertising, 2011, 30 (1): 77-101.

[128] Chiu S. C. , Sharfman M. Legitimacy, Visibility, and the Antecedents of Corporate Social Performance: An Investigation of the Instrumental Perspective [J]. Journal of Management, 2011, 37 (6): 1558-1585.

[129] Cho Y. , Hwang J. , Lee D. Identification of Effective Opinion Leaders in the Diffusion of Technological Innovation: A Social Network Approach [J]. Technological Forecasting and Social Change, 2012, 79 (1): 97-106.

[130] Conlon D. E. , Murray N. M. Customer Perceptions of Corporate Re-

sponse to Product Complaints: The Role of Expectations [J]. Academy of Management Journal, 1996, 39 (4): 1040-1056.

[131] Coombs W. T. Choosing the Right Words: The Development of Guidelines for the Selection of the "Appropriate" Crisis-Response Strategies. [J]. Management Communication Quarterly, 1995, 8 (2): 158-161.

[132] Coombs W. T. , Holladay S. J. Helping Crisis Managers Protect Reputational Assets: Initial Tests of the Situational Crisis Communication Theory [J]. Management Communication Quarterly, 2002, 16 (2): 165-186.

[133] Corrigan P. W. , Kerr A. , Knudsen L. The Stigma of Mental Illness: Explanatory Models and Methods for Change [J]. Applied and Preventive Psychology, 2005, 11 (3): 179-190.

[134] Cutter S. L. Living with Risk: The Geography of Technological Hazards [J]. 1993.

[135] Darwin C. The Expression of Emotion in Man and Animals [J]. Journal of the Science of Food and Agriculture, 1978, 123 (316): 551-568.

[136] Dean D. H. Consumer Perception of Corporate Donations Effects of Company Reputation for Social Responsibility and Type of Donation [J]. Journal of Advertising, 2003, 32 (4): 91-102.

[137] Deaux K. , Reid A. , Mizrahi K. , et al. Parameters of Social Identity [J]. Journal of Personality and Social Psychology, 1995, 68 (2): 280-291.

[138] Desai V. M. Mass Media and Massive Failures: Determining Organizational Efforts to Defend Field Legitimacy Following Crises [J]. Academy of Management Journal, 2011, 54 (2): 263-278.

[139] Devers C. E. , Dewett T. , Mishina Y. , et al. A General Theory of Organizational Stigma [J]. Operations Research, 2009, 49 (3): 207-208.

[140] Dickson J. , Macleod A. Brief Report Anxiety, Depression and Approach and Avoidance Goals [J]. Cognition and Emotion, 2010, 18 (3): 423-430.

[141] Drumwright M. E. Company Advertising with a Social Dimension: The Role of Noneconomic Criteria [J]. Journal of Marketing, 1996, 60 (4): 71-87.

[142] Du S. , Bhattacharya C. B. , Sen S. Maximizing Business Returns to

Corporate Social Responsibility (CSR): The Role of CSR Communication [J]. International Journal of Management Reviews, 2010, 12 (1): 8-19.

[143] Ellen P. S., Fitzgerald P. Stained by the Label? Stigma and the Case of Genetically Modified Foods [J]. Journal of Public Policy and Marketing, 2008, 27 (1): 69-82.

[144] Entman R. M. Cascading Activation: Contesting the White House's Frame after 9/11 [J]. Political Communication, 2003, 20 (4): 415-432.

[145] Feick L. F., Price L. L. The Market Maven: A Diffuser of Marketplace Information [J]. Journal of Marketing, 1987, 51 (1): 83-97.

[146] Fischhoff B., Gonzalez R. M., Small D. A., et al. Judged Terror Risk and Proximity to the World Trade Center [J]. Journal of Risk and Uncertainty, 2003, 26 (2-3): 137-151.

[147] Fiske S. T., Taylor S. E. Social Cognition: From Brains to Culture [M]. Thousand Oaks: Sage, 2013.

[148] Gilbert D. T., Malone P. S. The Correspondence Bias [J]. Psychological Bulletin, 1995, 117 (1): 21-38.

[149] Goel V., Vartanian O. Negative Emotions Can Attenuate the Influence of Beliefs on Logical Reasoning [J]. Cognition and Emotion, 2011, 25 (1): 121-131.

[150] Goffman E. Stigma: Notes on the Management of Spoiled Identity [J]. Penguin Books, 1986, 29 (4): 9.

[151] Grougiou V., Dedoulis E., Leventis S. Corporate Social Responsibility Reporting and Organizational Stigma: The Case of "Sin" Industries [J]. Journal of Business Research, 2015, 69 (2): 905-914.

[152] Haidt J. The Moral Emotions [J]. 2003, 94 (4): 852-870.

[153] Haidt J. The New Synthesis in Moral Psychology [J]. Science, 2007, 316 (5827): 998-1002.

[154] Haigh M. M., Brubaker P. Examining How Image Restoration Strategy Impacts Perceptions of Corporate Social Responsibility, Organization-Public Relationships, and Source Credibility [J]. Corporate Communications, 2010, 15 (4): 453-468.

[155] Halderen M. D. V., Bhatt M., Berens G. A. J. M., et al. Managing

Impressions in the Face of Rising Stakeholder Pressures: Examining Oil Companies' Shifting Stances in the Climate Change Debate [J]. Journal of Business Ethics, 2016, 133 (3): 567-582.

[156] Harrington B. E. Organizational Performance and Corporate Social Capital: A Contingency Model [J]. Research in the Sociology of Organizations, 2001 (18): 83-106.

[157] He Y., Lai K. K. The Effect of Corporate Social Responsibility on Brand Loyalty: The Mediating Role of Brand Image [J]. Total Quality Management and Business Excellence, 2014, 25 (3-4): 249-263.

[158] Higgins E. T. Beyond Pleasure and Pain: How Motivation Works [M]. Oxford: Oxford University Press, 2012: 1-576.

[159] Highhouse S., Paese P. W., Leatherberry T. Contrast Effects on Strategic – Issue Framing [J]. Organizational Behavior and Human Decision Processes, 1996, 65 (2): 95-105.

[160] Hoffman M. L. How Automatic and Representational Is Empathy, and Why [J]. Behavioral and Brain Sciences, 2002, 25 (1): 38-39.

[161] Hudson B. A. Against All Odds: A Consideration of Core-Stigmatized Organizations [J]. Academy of Management Review, 2008, 33 (1): 252-266.

[162] Huebner B., Dwyer S., Hauser M. The Role of Emotion in Moral Psychology [J]. Trends in Cognitive Sciences, 2009, 13 (1): 1-6.

[163] Ibarra H. Provisional Selves: Experimenting with Image and Identity in Professional Adaptation [J]. Administrative Science Quarterly, 1999, 44 (4): 764-791.

[164] Janney J. J., Gove S. Reputation and Corporate Social Responsibility Aberrations, Trends, and Hypocrisy: Reactions to Firm Choices in the Stock Option Backdating Scandal [J]. Journal of Management Studies, 2011, 48 (7): 1562-1585.

[165] Jin P., Pang A., Cameron G. T. Toward a Publics-Driven, Emotion-Based Approach in Crisis Communication: Testing the Integrated Crisis Mapping (ICM) Model [C]//Proceedings of the 10th International Public Research Conference, March 8-11, 2006, Best Western South Miami, South Mian Florida, 224-241.

［166］Kagan J. Human Morality and Temperament ［J］. Nebraska Symposium on Motivation, 2005（51）: 1-32.

［167］Kaptan G. , Shiloh S. , Onkal D. Values and Risk Perceptions: A Cross-Cultural Examination ［J］. Risk Analysis, 2013, 33（2）: 318-332.

［168］Kasperson R. E. , Renn O. , Slovic P. , et al. The Social Amplification of Risk: A Conceptual Framework ［J］. Risk Analysis, 1988, 8（2）: 177-187.

［169］Ki E. J. , Brown K. A. The Effects of Crisis Response Strategies on Relationship Quality Outcomes ［J］. Journal of Business Communication, 2013, 50（4）: 403-420.

［170］Kim H. J. , Cameron G. T. Emotions Matter in Crisis: The Role of Anger and Sadness in the Publics' Response to Crisis News Framing and Corporate Crisis Response ［J］. Communication Research, 2011, 38（6）: 826-855.

［171］Kim Y. S. , Tran V. L. Assessing the Ripple Effects of Online Opinion Leaders with Trust and Distrust Metrics ［J］. Expert Systems with Applications, 2013, 40（9）: 3500-3511.

［172］King D. , Ramirez-Cano D. , Greaves F. Twitter and the Health Reforms in the English National Health Service ［J］. Health Policy, 2013, 110（2-3）: 298-301.

［173］Kirsch D. , Goldfarb B. , Gera A. Form or Substance: The Role of Business Plans in Venture Capital Decision Making ［J］. Strategic Management Journal, 2009, 30（5）: 487-515.

［174］Kochanska G. , Gross J. N. , Lin M. H. , et al. Guilt in Young Children: Development, Determinants, and Relations with a Broader System of Standards ［J］. Child Development, 2002, 73（2）: 461-482.

［175］Koné D. , Mullet E. Societal Risk Perception and Media Coverage ［J］. Risk Analysis, 1994, 14（1）: 21-24.

［176］Kramer A. D. I. , Guillory J. E. , Hancock J. T. Experimental Evidence of Massive-Scale Emotional Contagion through Social Networks ［J］. Proceedings of the National Academy of Sciences of the United States of America, 2014, 111（24）: 8788.

［177］Kruikemeier S. How Political Candidates Use Twitter and the Impact on Votes［J］. Computers in Human Behavior, 2014（34）: 131-139.

［178］Lagattuta, K. H. , Thompson R. A. The Development of Self-Conscious Emotions: Cognitive Processes and Social Influences［M］//Tracy J. L. , Robins R. W. , Tangney J. P. , et al. The Self-Conscious Emotions: Theory and Research. New York: Guilford Press, 2007: 91-113.

［179］Langford I. H. , Marris C. , Mcdonald A. L. , et al. Simultaneous Analysis of Individual and Aggregate Responses in Psychometric Data Using Multi-level Modeling［J］. Risk Analysis, 1999, 19（4）: 675-683.

［180］Laufer D. , Gillespie K. The Role of Severity in Consumer Attributions of Blame: Defensive Attributions in Product-Harm Crises in Mexico［J］. Journal of International Consumer Marketing, 2005, 17（2-3）: 33-50.

［181］Lecheler S. , Schuck A. R. T. , Vreese C. H. D. Dealing with Feelings: Positive and Negative Discrete Emotions as Mediators of News Framing Effects［J］. Communications - The European Journal of Communication Research, 2013, 38（2）: 189-209.

［182］Lei J. , Dawar N. , Lemmink J. Negative Spillover in Brand Portfolios: Exploring the Antecedents of Asymmetric Effects［J］. Journal of Marketing, 2008, 72（3）: 111-123.

［183］Lerner J. S. , Gonzalez R. M. , Small D. A. , et al. Effects of Fear and Anger on Perceived Risks of Terrorism: A National Field Experiment［J］. Psychological Science, 2003, 14（2）: 144-150.

［184］Lerner J. S. , Han S. , Keltner D. Feelings and Consumer Decision Making: Extending the Appraisal-tendency Framework［J］. Journal of Consumer Psychology, 2007, 17（3）: 181-187.

［185］Lewis M. The Emergence of Consciousness and Its Role in Human Development［J］. Annals of the New York Academy of Sciences, 2003, 1001（1）: 104-133.

［186］Link B. , Phelan J. Conceptualizing Stigma［J］. Annual Review of Sociology, 2003, 27（1）: 363-385.

［187］Li W. M. , Ness M. Consumers' Perceptions of Mail-Order Speciality Foods［J］. Journal of Marketing Management, 1997, 13（7）: 705-724.

［188］Lombardi M. Are We Getting It Right?［J］. Social Science Information, 2004, 43 (3): 361-369.

[189] Maccrimmon K. R. , Wehrung D. A. A Portfolio of Risk Measures [J]. Theory and Decision, 1985, 19 (1): 1-29.

[190] Morris M. W. , Peng K. Culture and Cause: American and Chinese Attributions for Social and Physical Events [J]. Journal of Personality and Social Psychology, 1994, 67 (6): 949-971.

[191] Nabi R. L. Exploring the Framing Effects of Emotion Do Discrete Emotions Differentially Influence Information Accessibility, Information Seeking, and Policy Preference? [J]. Communication Research, 2003, 30 (2): 224-247.

[192] Niţu A. H, Niţu I. M. Organisational Social Capital through Corporate Social Performance [J]. Journal of Economics and Business Research, 2014, I (1): 135-160.

[193] Olmsted D. W. , Durham K. Stability of Mental Health Attitudes: A Semantic Differential Study [J]. Journal of Health and Social Behavior, 1976, 17 (1): 35-44.

[194] Park C. S. Does Twitter Motivate Involvement in Politics? Tweeting, Opinion Leadership, and Political Engagement [J]. Computers in Human Behavior, 2013, 29 (4): 1641-1648.

[195] Parkinson D. Risk: Analysis, Perception and Management—Report of a Royal Society Study Group [J]. Endeavour, 1993, 17 (2): 94-95.

[196] Pinkham A. E. , Penn D. L. , Perkins D. O. , et al. Emotion Perception and Social Skill Over the Course of Psychosis: A Comparison of Individuals "At-Risk" for Psychosis and Individuals with Early and Chronic Schizophrenia Spectrum Illness [J]. Cognitive Neuropsychiatry, 2007, 12 (3): 198-212.

[197] Rao H. The Social Construction of Reputation: Certification Contests, Legitimation, and the Survival of Organizations in the American Automobile Industry: 1895~1912 [J]. Strategic Management Journal, 1994, 15 (1): 29-44.

[198] Ren J. , Gao X. X. Moral Emotions: The Moral Behavior's Intermediary Mediation [J]. Advances in Psychological Science, 2011, 19 (8): 1224-1232.

[199] Reuber A. R. , Fischer E. Organizations Behaving Badly: When Are Discreditable Actions Likely to Damage Organizational Reputation? [J]. Journal of Business Ethics, 2010, 93 (1): 39-50.

［200］Ripley, Brian D. Pattern Recognition and Neural Networks ［M］. 北京：人民邮电出版社，2009.

［201］Rozin P. , Haidt J. , Mccauley C. Disgust: The Body and Soul Emotion in the 21st Century ［J］. Neuroethics, 2009 (1): 9-29.

［202］Rozin P. , Lowery L. , Imada S. , et al. The CAD Triad Hypothesis: A Mapping between Three Moral Emotions (Contempt, Anger, Disgust) and Three Moral Codes (Community, Autonomy, Divinity) ［J］. Journal of Personality and Social Psychology, 1999, 76 (4): 574-586.

［203］Rudolph U. , Tscharaktschiew N. An Attributional Analysis of Moral Emotions: Naive Scientists and Everyday Judges ［J］. Emotion Review, 2014, 6 (4): 344-352.

［204］Rudolph U. , Tscharaktschiew N. , Schulz K. Moral Emotions: An Analysis Guided by Heider's Naive Action Analysis ［J］. International Journal of Advances in Psychology, 2013, 2 (2): 69-92.

［205］Schnall S. , Haidt J. , Clore G. L. , et al. Disgust as Embodied Moral Judgment ［J］. Personality and Social Psychology Bulletin, 2008, 34 (8): 1096-1109.

［206］Semadeni M. , Cannella A. A. , Fraser D. R. , et al. Fight or Flight: Managing Stigma in Executive Careers ［J］. Strategic Management Journal, 2008, 29 (5): 557-567.

［207］Sheeley W. F. Popular Conceptions of Mental Health ［J］. Psychosomatics, 1961, 2 (6): 479-480.

［208］Shrout P. E. , Bolger N. Mediation in Experimental and Nonexperimental Studies: New Procedures and Recommendations ［J］. Psychological Methods, 2002, 7 (4): 422-445.

［209］Siomkos G. J. On Achieving Exoneration after a Product Safety Industrial Crisis ［J］. Journal of Business and Industrial Marketing, 1999, 14 (1): 17-29.

［210］Sitkin S. B. , Pablo A. L. Reconceptualizing the Determinants of Risk Behavior ［J］. Academy of Management Review, 1992, 17 (1): 9-38.

［211］Sitkin S. B. , Weingart L. R. Determinants of Risky Decision-Making Behavior: A Test of the Mediating Role of Risk Perceptions and Propensity ［J］.

Academy of Management Journal, 1995, 38 (6): 1573-1592.

[212] Slovic P., Finucane M. L., Peters E., et al. Risk as Analysis and Risk as Feelings: Some Thoughts about Affect, Reason, Risk, and Rationality [J]. Risk Analysis, 2004, 24 (2): 311-322.

[213] Slovic P., Finucane M., Peters E., et al. Rational Actors or Rational Fools: Implications of the Affect Heuristic for Behavioral Economics [J]. The Journal of Socio-economics, 2002, 31 (4): 329-342.

[214] Slovic P., Fischhoff B., Lichtenstein S. Why Study Risk Perception? [J]. Risk Analysis, 1982, 2 (2): 83-93.

[215] Slovic P. Perception of Risk [J]. Science, 1987, 236 (3): 280-285.

[216] Slovic P., Peters E. Risk Perception and Affect [J]. Current Directions in Psychological Science, 2006, 15 (6): 322-325.

[217] Smith R. A., Ferrara M., Witte K. Social Sides of Health Risks: Stigma and Collective Efficacy [J]. Health Communication, 2007, 21 (1): 55-64.

[218] Snyder P., Miller J. S. Ethical Rationality: A Strategic Approach to Organizational Crisis [J]. Journal of Business Ethics, 2006, 63 (4): 371-383.

[219] Stone R. N., Grønhaug K. Perceived Risk: Further Considerations for the Marketing Discipline [J]. European Journal of Marketing, 1993, 27 (3): 39-50.

[220] Strand R., Freeman R. E., Kai H. Corporate Social Responsibility and Sustainability in Scandinavia: An Overview [J]. Journal of Business Ethics, 2015, 127 (1): 1-15.

[221] Sutton R. I., Callahan A. L. The Stigma of Bankruptcy: Spoiled Organizational Image and Its Management [J]. Academy of Management Journal, 1987, 30 (3): 405-436.

[222] Tangney J. P., Stuewig J., Mashek D. J. Moral Emotions and Moral Behavior [J]. Annual Review of Psychology, 2007, 58 (1): 345-372.

[223] Tiedens L. Z., Linton S. Judgment under Emotional Certainty and Uncertainty: The Effects of Specific Emotions on Information Processing [J]. Journal of Personality and Social Psychology, 2001, 81 (6): 973-988.

[224] Vassilikopoulou A., Lepetsos A., Siomkos G., et al. The Impor-

tance of Factors Influencing Product-harm Crisis Management across Different Crisis Extent Levels: A Conjoint Analysis [J]. Journal of Targeting, Measurement and Analysis for Marketing, 2009, 17 (1): 65-74.

[225] Vieweg S., Hughes A. L., Starbird K., et al. Microblogging during Two Natural Hazards Events: What Twitter May Contribute to Situational Awareness [C]//Sigchi Conference on Human Factors in Computing Systems. ACM, 2010: 1079-1088.

[226] Weiner B. Social Motivation, Justice, and the Moral Emotions: An Attributional Approach [M]. New York: Psychology Press, 2006.

[227] Whelan J., Dawar N. Attributions of Blame Following a Product-harm Crisis Depend on Consumers' Attachment Styles [J]. Marketing Letters, 2016 (27): 285-294.

[228] Wiegman O., Gutteling J. M. Risk Appraisal and Risk Communication: Some Empirical Data from the Netherlands Reviewed [J]. Basic and Applied Social Psychology, 1995, 16 (1-2): 227-249.

[229] Wiesenfeld B. M., Wurthmann K. A., Hambrick D. C. The Stigmatization and Devaluation of Elites Associated with Corporate Failures: A Process Model [J]. Academy of Management Review, 2008, 33 (1): 231-251.

[230] Zavyalova A., Pfarrer M. D., Reger R. K., et al. Managing the Message: The Effects of Firm Actions and Industry Spillovers on Media Coverage Following Wrongdoing [J]. Academy of Management Journal, 2012, 55 (5): 1079-1101.